Das L.U.D.W.I.G.-Prinzip

AF235780

1. Auflage Februar 2021

Bibliografische Information der Deutschen Nationalbibliothek:
Die Deutsche Nationalbibliothek verzeichnet diese Publikation in der
Deutschen Nationalbibliografie; detaillierte bibliografische Daten sind
im Internet über http://dnb.dnb.de abrufbar.

© 2021, Angela Ludwig

Herstellung und Verlag: BoD – Books on Demand, Norderstedt

ISBN: 978-3-75-3424347

An Frau Ludwig schätze ich neben der sehr großen Professionalität mit wirklich vielen, vielen guten Tipps ihre Freundlichkeit und ihren herrlichen Humor. Sie ist zudem sehr nahbar und kein bisschen von oben herab, so dass man sich nicht blöd vorkommt mit seinen Problemen. An dieser Stelle nochmal vielen Dank, liebe Frau Ludwig 😊

Kathrin Rahnfeld

Ich kenne Frau Ludwig als gute Lean Management- und Nachhaltigkeitsberaterin. Ich kann sie sehr empfehlen!

Thorsten Thalheim

Frau Ludwig arbeitet sehr strukturiert und detailgetreu. Wir sind Dienstleister und können sagen, dass wir noch einiges dazugelernt haben. Besten Dank!

Damir Cacic

Frau Ludwig hilft bei Ordnung im Büro und somit auch im Kopf. Sehr zu empfehlen!

Andreas Graf von Brühl

Zu diesem Buch

In der heutigen Gesellschaft ist der Stresspegel extrem angestiegen, besonders bei Selbstständigen und in Familien. Woher die Zeit nehmen, wenn nicht stehlen, die man so dringend bräuchte, um all seine Themen unter einen Hut zu bringen?

Mit dem LUDWIG-Prinzip erhalten Sie 6 Regeln an die Hand, die Ihnen helfen, Ihr Leben neu zu organisieren, wieder mehr Zeit für sich zu gewinnen und den Stresspegel drastisch zu senken. Dank Ordnung und Effizienz sparen Sie nicht nur Zeit, sondern auch wertvolle Ressourcen, Geld und nicht zuletzt Nerven.

Angela Ludwig, geboren 1979 und Mutter von zwei Kindern, arbeitet seit über 20 Jahren als erfolgreiche Effizienz- und Ordnungsberaterin. Ursprünglich in der Welt der Bibliothekare zu Hause betreut sie seit 1998 nicht nur Firmen bei der effizienten Büroarbeit, sondern auch Privatkunden als Ordnungscoach. Neben ihrer Tätigkeit als Beraterin hält sie Kurse und Vorträge zu den Themen Ordnung, Effizienz und Zeitmanagement.

Das L.U.D.W.I.G.-Prinzip

Dank Ordnung und Effizienz stressfrei leben

Angela Ludwig

BoD

Dieses Buch ist denen gewidmet, die immer an mich geglaubt haben:

Skipper, der mir immer dann vom Silberstreif am Horizont erzählt, wenn ich ihn wieder nicht sehe.

Kelvin und Kira, ihr seid meine Stütze, meine Motivation und mein Sonnenschein.

Ich bin unendlich dankbar und liebe euch.

Inhalt

I

MEINE MISSION

Warum dieses Buch? Gibt es nicht schon genug Prinzipien, Ratgeber, Selbsthilfelektüren für ein noch besseres, noch effizienteres Leben? Muss denn wirklich immer alles höher, schneller, weiter sein?

Nein, eben nicht. Es hat aber den Anschein. Denn eigentlich läuft doch alles auf eines heraus, und das hat bereits Erich Kästner gewusst: „Es gibt nichts Gutes, außer man tut es!" – warum, frage ich mich, scheinen wir aber alle daran zu scheitern? Am Tun? Und warum brauchen Menschen gewissermaßen immer erst eine Krise, bevor sie diese Erkenntnis für sich gewinnen?

Vielleicht helfen uns Krisen zu wachsen. Probleme sind schließlich auch nur Chancen, die gesehen werden wollen. Aber manchen fehlt trotzdem der Leitfaden. Und die Antwort möchte ich Ihnen mit diesem Buch geben. Den Leitfaden, den Plan, den Sie benötigen, um Kästners Worten gerecht zu werden. Um endlich ins Tun zu kommen.

Warum mir das so wichtig ist? Weil ich das Gefühl habe, dass die Menschen Ihre kostbare Zeit immer mehr verschwenden, statt sie zu genießen. Da werden Stunden mit sinnlosem Warten verbracht. Und vor Fernsehern, Smartphones und PCs.

Gegen einen gemütlichen Sonntagnachmittag mit einem guten Buch auf dem Sofa ist keinesfalls etwas einzuwenden. Das ganze Problem bei der Sache ist nur, dass viele Menschen sich nicht eingestehen wollen, dass sie einfach nur wertvolle Zeit vertrödeln. Und dann bekommen Sie im Alter von 67 Jahren gesagt, dass sie sich aus gesundheitlichen Gründen den großen Lebenstraum nicht mehr erfüllen können. Oder sie merken, dass sie doch nicht genug verdient haben und nun der Altersarmut bedrohlich nahekommen. Schuld sind in diesem Fall gerne die Anderen, die Chefs, Arbeitgeber und allen voran die Politiker. Keiner von diesen hat Ihnen aber empfohlen, die Wochenenden mit nicht einmal erfüllenden Nebenbeschäftigungen zu verbringen. Wenn Sie dabei wenigstens glücklich wären! Das soll kein Plädoyer sein, immer nur zu arbeiten oder „wertschöpfend" tätig zu sein. Nein, ich möchte mit diesem Buch das Bewusstsein schärfen, dass Sie Ihre Ziele erreichen können, allen voran das Ziel, endlich wieder mehr Zeit für sich selbst zu haben. Oder für die Familie. Oder die Arbeit. Oder das Streben nach Erfolg und Ruhm. Wofür auch immer Sie die Zeit verwenden wollen. Und ich glaube kaum, dass Sie dieses Buch lesen, wenn Ihr erklärtes Ziel seit jeher ist, sich mit mittelmäßigen Umständen gerade so durchs Leben zu bequemen. Dann fehlt Ihnen sicher auch keine Zeit, denn dann sind Sie bereits glücklich und zufrieden und das soll Ihnen auch gegönnt sein.

Alle anderen möchte ich ermutigen, den Schritt zu wagen und sich endlich die Zeit zurück zu holen, die Sie verdient haben!

WIE ALLES BEGANN

Wieder ist fast ein Jahr vorbei. Und wieder sitze ich abends, es ist 21.17 Uhr, an meinem Wohnzimmertisch und beginne damit, ein Buch zu schreiben. Warum „wieder"? Das erste Buch schrieb ich vor knapp einem Jahr. Im April 2020. Es war der Monat, in dem das Jahr 2020 das Leben vieler Menschen auf den Kopf stellen sollte. Heute ist der 7. Januar 2021. Wir leben seit Weihnachten wieder in einem bundesweiten Lockdown, die Corona-Pandemie hat das Land weiterhin voll im Griff und in vier Tagen starten wir in die nächste Runde Homeschooling.

Das erste Buch, „Lean Management für Familien" schrieb ich mit dem Bewusstsein, Familien ein stressfreieres Leben zu ermöglichen. Ich wollte damit vor allem dann die Menschen erreichen, wenn ich auch tatsächlich wieder als Professional Organiser, als Ordnungscoach aktiv tätig sein konnte. Doch dazu sollte es nicht mehr kommen. Gar nicht mehr. So richtig überhaupt nicht mehr. Der Lockdown wurde verlängert, die Kunden blieben zu Hause, räumten selbst ihre Keller, ihre Häuser aus, die Wertstoffhöfe platzten aus allen Nähten, die Menschen entledigten sich ganz ohne Hilfe eines Ordnungscoaches ihrer Besitztümer, eigentlich muss ich sagen, ihres Ballasts. Was mich freute, denn das ist ja das erklärte Ziel eines Ordnungscoaches: den Menschen zu helfen, sich von ihrem Ballast zu trennen! Nur leider trennte man sich nicht nur von unnötigem Zeugs, sondern auch gleich vom Ordnungscoach. Und so musste ich mir mitten in der größten Krise meines kleinen Unternehmens eingestehen, dass es so wohl nicht weiter gehen kann. „Frau Ordnung" musste gehen und den Platz frei machen. Für neue Ideen und für Altbewährtes.

Noch im selben Monat nach Fertigstellung des ersten Buches gründete ich die zweite Firma „LUDWIG Industries". Mir erschien es einleuchtend, zurück zu den Wurzeln zu kehren. Büroorganisation, Dokumentenmanagement, jetzt auch noch neu hinzugekommen das große Thema der Digitalisierung. Und das wurde ja auch noch gefördert! Mehr oder weniger. Denn wir dürfen nicht vergessen, dass wir in Deutschland leben. Dem Land der Bürokratie. Und so kenne ich bis heute keinen Unternehmer, der einen genehmigten Förderantrag, geschweige denn die Gelder dazu in den Händen hält. Alle sitzen sie da und tun das, was für Unternehmer (und Menschen im Allgemeinen) tödlich sein kann: sie warten.

Und während sie alle darauf warten, dass sich etwas ändert und sie endlich loslegen können, dürfen, wenn, ... ja, wenn was? ... werden sie überholt. Von denen, die zu ungeduldig waren und die Online-Kurse ganz ohne Budget gedreht haben? Die dem Perfektionsmuswahn ein Schnippchen geschlagen haben und es einfach getan haben?

Ich wollte nicht zu den ewig Wartenden gehören, stattdessen begann ich mit der Umsetzung der neuen Firma. Was wollte ich eigentlich verkaufen? Ein Dokumentenmanagementsystem? Allein das Wort finde ich seit zwanzig Jahren grausam, nur leider gibt es keine vernünftige Alternative dazu. „Büroorganisation", das klingt ähnlich antiquiert, aber man weiß wenigstens, was damit gemeint ist. Hilft nur nicht weiter, wenn die Menschen sich nicht organisieren wollen. Also befragte ich Bekannte, Unternehmer, Kollegen, Freunde. Es erreichten mich verschiedenste Antworten. Und keiner hatte so wirklich eine Idee. Aber was sie gut fanden war, wie ich diese Krise gemeistert hatte. Wie ich bei all dem Chaos, das seit einem Jahr herrschte, überhaupt noch ruhig schlafen konnte. Und wie ich neben all der beruflichen Arbeit mein Privatleben in den Griff bekam. Mit zwei nicht mehr ganz kleinen, aber noch lang nicht ausgewachsenen Kindern und einem definitiv nicht einfachen zweiten Ehemann.

Denn parallel zur beruflichen Krise kam die Persönliche. Wer einmal in einer toxischen Beziehung gefangen war weiß, wovon ich spreche. Und ich sage bewusst „gefangen". Denn alleine ist es nahezu unmöglich aus einer solchen Beziehung heraus zu kommen. Ich bin unendlich dankbar, dass es diesen einen Moment gab, im Mai, nach einem der zahlreichen Streits, der mir mit einem Satz gesagt hatte: Das war's. Ein für alle Mal. Es war ein Moment, in dem mir nur noch ein Satz durch den Kopf schoss: „Egal was passiert, mach, dass du so schnell es geht aus dieser Ehe herauskommst.". Und auch als ich mir der Tragweite dieses Gedankens bewusst wurde war ich mir trotzdem sicher, dass daran kein Weg vorbeiführen würde.

Aber ich fühlte mich so schrecklich allein gelassen. Vom Schicksal, vom lieben Gott, von meiner Familie. Ich wusste nicht, was ich tun sollte. In meiner Not begann ich zuerst das zu tun, was schon Philippe Dijan wusste: "Wenn es mir schlecht geht, gehe ich nicht in die Apotheke, sondern zu meinem Buchhändler.". Ich kaufte Bücher, verschlang die Inhalte und fühlte mich mit jedem Buch ein kleines bisschen schlauer und stärker. Und ich vertraute mich einem damals noch entfernten Bekannten an. Einem Kollegen aus meinem Unternehmernetzwerk. Der mir Mut zusprach. Mut, dass ich nur glauben müsste und dann würde alles gut werden.

Es dauerte zwei Monate, bis ich den Schritt wagte und die Vermieterin meiner alten Wohnung anrief. Ob sie mir möglicherweise Bescheid sagen könne, wenn jemand in diesem Haus ausziehe. Denn dort, wo ich frühe wohnte war der große Vorteil: mein Büro, der Firmensitz, befindet sich in diesem jenen Haus. Und ich wusste, dass ich keine Einkommensnachweise oder sonstige Belege liefern musste. Denn ich hatte dort ja schon einmal gewohnt. Einen Tag später bekam ich eine E-Mail, dass soeben die Wohnung im 3. Obergeschoss gekündigt wurde. Zum ersten November. Ich bekam weiche Knie, mein Herz begann zu rasen und in meinem Kopf wieder nur ein Gedanke: „Ich komme hier raus!". Und zum ersten Mal spürte ich die Hoffnung, ich sah den berühmten Silberstreif am Horizont! Und ich konnte mein Glück kaum fassen. War nur noch das Problem mit den Finanzen. Die neue Selbstständigkeit stand erst in den

Startlöchern, noch kein fertiges Konzept, nichts. Dazu Kinder, Sommerferien, nicht wirklich viel Zeit zum Arbeiten, jemand muss sich schließlich um die Kinder kümmern. Ein elfjähriger kann in der Küche unterstützen, selbst kochen wäre dann doch etwas zu viel verlangt. Bei aller Liebe zur selbstständigen Erziehung von Kindern.

Die Anwältin, die ich kurz darauf konsultierte machte mir Mut. Wie der Bekannte. Ich solle mir ein Jahr Zeit geben. Und mir keine Sorgen machen. Das war jetzt schon die zweite Person, die mir das riet. Als ob das so einfach wäre! Klar, dann mache ich mir einfach keine Sorgen mehr, es ist doch ganz einfach. Ich glaubte nicht daran. Aber ich tat die weiteren Schritte. Bis im Oktober der entscheidende Tag vor mir stand: am 18. Oktober 2020 konnte ich die gemeinsame Wohnung verlassen. Die Tür sollte zum letzten Mal hinter mir ins Schloss gefallen sein.

Am nächsten Morgen begann ich damit, was ich Ihnen mit diesem Buch schenken möchte. Ich begann, meinen Tagen mehr Leben zu geben. Und meinem Leben mehr Tage. Denn jeder kennt das Sprichwort: „Es geht nicht darum, dem Leben mehr Tage zu geben, sondern den Tagen mehr Leben." Ja, ich fragte mich doch tatsächlich: warum eigentlich nicht beides? Ich bin von Natur aus mit der Gabe einer guten Organisatorin gesegnet. Dinge zu planen fällt mir nicht schwer und ich habe noch nie das Gefühl gehabt, dass ich zu wenig Zeit für etwas gehabt hätte. Natürlich gibt es die Momente, in denen man sich wünscht, die Zeit möge stehen bleiben. Im Urlaub vielleicht. Oder beim Besuch im Freizeitpark. Ach, noch ein bisschen mehr Zeit… was mir damals fehlte war das Leben in den Tagen. Und ich eroberte es mir zurück, Schritt für Schritt. Raus aus der Krise, rein ins wirkliche Leben! Die Zeit hatte ich ja schon. Da war ich perfekt drin – deshalb bin ich auch überzeugt davon, Ihnen für beide Themen die richtigen Werkzeuge an die Hand geben zu können. Denn ich wurde immer öfter von den Menschen, die mir begegneten gefragt, wie ich denn angesichts der Ereignisse –

privater und beruflicher Natur – diese Euphorie zum Leben haben könnte? Wieso ich eigentlich nicht längst aufgegeben hätte? **Und wie ich das gemacht hätte, das wüssten Sie gerne.** Das Ergebnis halten Sie in den Händen. Das L.U.D.W.I.G.-Prinzip. Denn genau das ist es, was mich aus dieser Krise geholt hatte und mir das Leben in den Tagen zurückgab.

Nach dem Einzug in die neue Wohnung hatte es zwei Wochen gedauert, bis ich mich langsam daran gewöhnt hatte, dass ich ein neues Leben führen kann. Zu gefangen war ich in alten Mustern, die mich bisweilen auch heute noch einholen. Früher gab es Tage, da sehnte ich die Nacht herbei, den Moment, an dem man mit gutem Gewissen sagen kann: „Ich glaube, ich bin jetzt müde, ich gehe jetzt schlafen.". Heute stehe ich viel früher auf als sonst, obwohl ich zur selben Zeit schlafen gehe, allein dadurch habe ich mehr Zeit gewonnen. Vor einem Jahr noch? Unvorstellbar!

Erinnern Sie sich an die Momente als Kind, wenn Sie morgens am Weihnachtstag aufgewacht sind? Oder am Geburtstag? Diese unbändige Freude, nicht schnell genug aufstehen zu können? Weil der Tag einfach grandios werden würde? Wann sind SIE das letzte Mal morgens mit diesem Gefühl aufgestanden? Und wann sind Sie das letzte Mal ins Bett gegangen und haben sich vor dem Augenzumachen lächelnd gesagt: „Was für ein gigantischer Tag das heute doch wieder war!".

Die meisten Menschen verschlafen ihre Tage lieber. Quälen sich mehr durch ihr Leben, als jede Minute auszukosten. Da bekommen wir gepredigt „lebe jeden Tag so als sei es Dein Letzter!" ... um die Phrase zu belächeln und als eben das zu betrachten: als Phrase. Wenn die anderen nur wüssten. Die haben ja keine Ahnung. Wenn sie in meiner Situation wären. Ja, die Ludwig, die hat leicht reden, die hatte ja genug Zeit. Ich habe gar keine Zeit, um meine Tage zu genießen! Wenn ich mehr Zeit hätte, ja dann würde ich…

Und genau dabei möchte ich Sie unterstützen. Denn das L.U.D.W.I.G.-Prinzip kann Sie genau dorthin führen, dass Sie jeden kommenden Tag kaum erwarten können. Dass Sie wieder die Energie haben, die Sie benötigen, um lange, ereignisreiche Tage zu erleben. Und zwar jeden Tag! Weil Sie am Ende wissen werden, wohin Sie eigentlich wollen und vor allem, was Sie dafür tun müssen. Denn eines kann ich Ihnen nicht abnehmen: machen müssen Sie selbst. Dieses Buch bedeutet Arbeit und definitiv auch einen gewissen Zeitaufwand. Aber der Preis, den Sie bezahlen steht in keinem Verhältnis zu dem Gewinn, den Sie bekommen: lebenslang mehr Zeit! Mehr Energie! Und wenn Sie es geschickt anstellen auch mehr Geld.

Mein Aufruf an Sie ist daher: nehmen Sie sich einen Stift an die Hand, vielleicht auch eine Packung dieser kleinen bunten nützlichen Klebezettel, mit denen Sie für Sie besonders wichtige Stellen im Buch markieren möchten. Unterstreichen Sie, bekleben Sie, machen Sie Eselsohren in das Buch! Ich bin ausgebildete Diplom-Bibliothekarin und ich verrate Ihnen: das Buch wird es Ihnen danken! Verwenden Sie es, arbeiten Sie damit – es ist kein Roman, kein psychoesoterischer Lebensratgeber, gespickt mit Weisheiten. Sicher, es wird sich die ein oder andere Postkarten-Weisheit darin verstecken (denn ich liebe Postkartensprüche), aber im Grunde halten Sie einen pragmatischen Handlungsapparat in Ihren Händen. Das größte Geschenk, dass Sie sich ohnehin machen können ist, das Buch nach dem ersten Mal ein zweites Mal durchzulesen. Denn hinterher ist man immer schlauer und vielleicht erschließt sich Ihnen der große AHA-Effekt bereits beim ersten Lesen nach der dritten Seite, vielleicht erst im letzten Kapitel, vielleicht aber auch erst beim zweiten Lesen.

Ihre

Angela Ludwig

DAS L.U.D.W.I.G.-PRINZIP

Warum eigentlich immer diese Abkürzungen?

Weil es ganz einfach ist: Das L.U.D.W.I.G.-Prinzip führt Sie in sechs klar definierten Schritten zum Ziel: wie Sie Ihrem Leben mehr Zeit geben.

Der ein oder andere Schritt mag Ihnen bekannt erscheinen, daher ist jedes Kapitel so aufgebaut, dass Sie bereits zu Beginn erfahren, um welchen Schritt es sich exakt handelt. Wenn Sie der Meinung sind, dass Sie dieses Kapitel überspringen können: bitte! Um auch wirklich sicher zu gehen, dass wir uns alle auf demselben Wissensstand bewegen beantworten Sie die am Anfang des Kapitels gestellten Fragen für sich. Wenn Sie damit gut vorankommen, dann ist es durchaus möglich, dass dieser eine Punkt für Sie möglicherweise nicht so relevant ist und Sie können das Kapitel überfliegen oder ganz überspringen. Zack, schon die erste Zeit gespart!

Wenn Sie aber nur eine Frage nicht beantworten können sollten Sie sich die Zeit nehmen und das Kapitel lesen.

Und was verbirgt sich nun hinter dem Prinzip?

Die sechs Schritte sind wie folgt aufgebaut:

L = LEARN (Lernen)

U = UNDERSTAND (Verstehen)

D = DO (Tun)

W = WRITE (Schreiben)

I = INTEREST & INFORM (Interessieren)

G = GO (Gehen Sie!)

Die einzelnen Kapitel erläutern jeden dieser Schritte detailliert und praxisnah. Sie sollten jedoch dringend die Reihenfolge beim Bearbeiten des Buches einhalten, weil die Schritte aufeinander aufbauen und ansonsten möglicherweise nicht zum gewünschten Ergebnis führen.

Schlussendlich ist es aber wie mit allen Ideen, Programmen, Prinzipien: es muss für Sie passen! Sollten Sie nach der Lektüre feststellen, dass Sie die Buchstaben tauschen wollen, oder dass tatsächlich einer nicht so relevant für Sie ist und Sie Ihr Ziel dennoch erreichen: das Prinzip ist nicht in Stein gemeißelt. Es würde nur einfach seltsam klingen, wenn ich meinen Namen durcheinander würfeln würde...

Und nun genug mit den ausführlichen Einleitungen, lassen Sie uns loslegen, denn Sie wollen schließlich keine Zeit verlieren, sondern Zeit gewinnen!

L = LEARN

LERNEN

Der erste Schritt auf dem Weg zu mehr Zeit besteht im simplen Grundsatz des Lernens. Aber nicht das Lernen, das Ihnen in der Schulzeit vermittelt wurde, es handelt sich auch nicht um stupides Auswendiglernen.

Ziel dieses ersten Schrittes ist die Beantwortung der folgenden Fragen:

Was für ein Mensch bin ich?
Was sind meine Werte, nach denen ich lebe?
Was fehlt mir?
Warum lese ich dieses Buch?
Was ist mir wichtig?
Warum tue ich das, was ich tue?
Warum stehe ich jeden Morgen auf?

Wenn Sie diese Fragen beantworten können Sind Sie schon einen ganzen Schritt weiter und haben möglicherweise auf die vierte Frage als Antwort gegeben: „Weil es mir geschenkt wurde und ich mich frage, was ich damit soll." Sollte das der Fall sein können Sie dieses Buch getrost weiter verschenken, an einen Menschen, der nicht in der glücklichen Lage ist wie Sie, die Antworten auf all diese Fragen zu haben.

Denn diese Fragen sind der Grundstein für Ihr Ziel, mehr Zeit in Ihrem Leben zu gewinnen.

Zielerreichungen und das WARUM

Es gibt verschiedene Wege zum Ziel zu kommen. Immer. Viele Wege führen nach Rom und viele Wege führen dazu, dass Sie mehr Zeit in Ihrem Leben gewinnen. Was alle Wege gemeinsam haben: Sie müssen durchhalten. Nicht zu früh aufgeben. Denn steter Tropfen höhlt den Stein. Viele von uns haben das Problem, dass Sie viel zu früh aufgeben. Ja, das hört sich schön und gut an, aber was ist mit dem Sprichwort, von einem toten Gaul sollte man absteigen? Und wann erkenne ich überhaupt ob der Gaul tot ist oder ob ich nur zu ungeduldig bin? Nun, wenn Sie schon merken, dass Sie auf einem verdursteten Pferd sitzen, dann wechseln Sie doch das Pferd – aber bitte nicht Ihr Ziel!

Auf dem Weg zu mehr Zeit in Ihrem Leben bedeutet das: fangen Sie zunächst an, zu lernen. Und zwar alles über sich selbst.

Was ist denn Ihr eigentliches Ziel, Ihre Mission, Ihr wirkliches Anliegen? Warum stehen Sie jeden Morgen auf? Um der Familie das Frühstück vorzubereiten? Um zur Arbeit zu gehen und Ihren Verpflichtungen nachzukommen? Um die kranke Schwiegermutter zu pflegen? Das können, mit Verlaub, sicher alles mehr oder weniger gute Gründe sein, aber ist es auch wirklich Ihr WARUM?

Um zu wissen, was Sie wirklich antreibt müssen Sie lernen. Dafür gibt es auch wesentlich bessere Fachliteratur als dieses Buch. Suchen Sie danach, denn die Wahl solcher Experten ist definitiv eine Geschmackssache. Sie finden unzählige Videos auf YouTube und Bücher im Fachhandel zu den Themen Persönlichkeitsentwicklung.

Ich kann Ihnen in diesem ersten Schritt nur anraten: finden Sie heraus, was Sie WIRKLICH wollen. Natürlich können Sie mehrere Ziele im Blick haben, hier geht es aber darum, herauszufinden, was Sie bewegt. Vielleicht hatten Sie schon den ein oder anderen Lebenstraum – Ihr WARUM ist aber nicht zu verwechseln mit konkreten Zielen. Ihr Lebenstraum ist es, die Panamericana mit dem Motorrad zu erkunden? Das ist zwar ein Ziel, aber sicher nicht der Grund, warum Sie morgens aufstehen. Dann müssen Sie es schon so formulieren: „Ich stehe jeden Morgen mit Elan auf und erfülle meine Arbeit mit der bestmöglichen Leistung, weil ich weiß, dass ich mir auf diese Weise ermöglichen werde, die Panamericana zu bereisen und damit meinen Lebenstraum zu erfüllen. Mein Anliegen ist es, finanziell frei zu sein und genug Zeit zu haben, um diesen Traum leben zu können.". DAS ist ein Anliegen, das wäre Ihr WARUM.

Finden Sie also heraus, was Sie antreibt, was Sie aufstehen lässt. Warum Sie es morgens nicht erwarten können, aus den Federn zu kommen! Wenn Sie jetzt antworten, dass Ihnen das eigentlich egal ist, dann brauchen Sie dieses Buch nicht weiter zu lesen, denn dann ist es Ihnen möglicherweise auch egal, ob Sie 50, 70 oder 90 Jahre alt werden. Mir persönlich ist das nicht egal. Ich bin dankbar für jeden Tag und lebe weder in der Vergangenheit, noch jage ich Wunschträumen hinterher. Jeder Tag ohne Zettel am Zeh ist ein guter Tag! Aber ich möchte nicht zu früh gehen müssen und schon gar nicht am Sterbebett bereuen, dass es Dinge gibt, die ich nicht getan habe.

Diese Übung kann Ihnen ebenfalls dabei helfen: stellen Sie sich vor, Sie erleben einen schönen, angenehmen Abend in Ihrem Lieblingsrestaurant. Plötzlich verschlucken Sie sich, Sie bekommen keine Luft und da ist er, der Moment, den Sie nur vom Hörensagen kennen: Ihr Leben zieht in wenigen Sekunden an Ihnen vorbei. Was würden Sie sehen? Die meisten von uns würden an all die verpassten Momente denken, die „ach hätte ich doch nur"-Erlebnisse, an alle das, was sie nicht erlebt haben. Ich möchte in diesem Moment eigentlich nur eines denken: „Oh, schade, schon vorbei, aber bis hierhin war es ein klasse Leben!". Fragen Sie sich, was Sie in Ihrem Kurzfilm gerne sehen würden und wie weit Sie davon entfernt sind.

Werte und Glaubenssätze

Ebenso wichtig ist die Frage nach welchen Werten Sie leben. Was ist Ihnen wichtig? Es gibt verschiedene Werte, die am häufigsten genannten sind: Liebe, Unabhängigkeit, Freiheit, Sicherheit, Leidenschaft. Vielleicht sind Sie aber auch von Werten geprägt wie Ansehen, Dankbarkeit, Harmonie, Spaß, Wohlstand. Auch beeinflusst werden Ihr Handeln und Ihre Gedanken von den Glaubenssätzen, die Sie in sich tragen.

Werte

Um herauszufinden, welche Werte Ihnen wichtig sind können Sie sich Fragen stellen:

Ich kann es überhaupt nicht leiden, wenn...
Für meine Familie ist mir am wichtigsten, dass...
Ich mag Menschen, die...
Ich lebe in diesem Haus / Ort / Land, weil...
Meinen Beruf übe ich aus, weil...

Es ist wichtig, dass Sie zumindest die fünf Werte kennen, die Ihnen am meisten bedeuten. Wenn Sie nicht nach Ihren Werten leben, dann werden Sie dauerhaft unzufrieden durchs Leben gehen. Wenn Ihnen der Wert „Sicherheit" wichtig ist, dann werden Sie als selbstständiger Unternehmer kaum glücklich werden. Wenn Ihnen der Wert „Freiheit" wichtig ist, werden Sie möglicherweise keine Familie gründen oder sich in einem großen Konzern anstellen lassen.

Um mehr Zeit im Leben zu gewinnen ist es daher absolut notwendig, dass Sie sich der Werte bewusst sind, nach denen Sie leben wollen, dann daran werden Sie sich immer orientieren. Daran werden sich auch die Aufgaben und Werkzeuge in den nächsten Kapiteln orientieren, die für SIE wichtig sind. Das L.U.D.W.I.G.-Prinzip wird Ihnen bei Ihrem Weg zu mehr Zeit helfen, allerdings müssen Sie selbst gelernt haben, welche Werkzeuge für Sie die Richtigen sind. Denn ich kann vieles, aber hellsehen leider noch nicht und schon gar nicht über die Ferne Ihre Gedanken lesen...

Sobald Sie sich Ihrer Werte bewusst sind, schreiben Sie diese auf. Notieren Sie sie, denn Sie werden diese später nochmals benötigen. Bis dahin müssen Sie nichts weiter tun, außer sich dessen bewusst zu sein.

Glaubenssätze

Ebenso wichtig sind die Glaubenssätze, die Ihr Handeln motivieren oder beeinflussen. Manche Glaubenssätze tun dies positiv, andere negativ.

Die Glaubenssätze wurden uns von unseren Familien, Freunden, Lehrern und Vorbildern mitgegeben. Das Schöne an Glaubenssätzen ist, dass man diese – ist man sich ihrer bewusst – jederzeit ändern kann!

Auf die Positiven werde ich an dieser Stelle weniger angehen, da uns diese logischerweise nicht behindern, sondern fördern. Positive Glaubenssätze können sein, wenn Sie morgens vor dem Spiegel stehen und sich sagen „Ich bin schön und werde von Tag zu Tag attraktiver!" oder „Jede Zelle meines Körpers ist von Gesundheit durchströmt.", ebenso Motivationssprüche wie „Geben ist seliger denn nehmen.", oder „Es gibt nichts Gutes, außer man tut es!".

Wenn Sie möchten, nehmen Sie ein Tagebuch oder ein Notizbuch und notieren Sie sich all die positiven Glaubenssätze, die Sie beeinflusst haben und halten Sie diese Gedanken fest. Natürlich können und sollten Sie an dieser Stelle auch prüfen, ob Sie denn auch tatsächlich danach leben.

Wichtiger an dieser Stelle sind die negativen Glaubenssätze, wie „Ich kann das nicht.", „Dazu bin ich zu alt / zu jung / zu krank / zu dumm.", „Dicke Menschen sind nicht hübsch, ich bin nicht hübsch.", „Mädchen können keine Mathematik.", „Geld ist böse.".

Jetzt sind Sie an der Reihe: setzen Sie sich an Ihren Tisch und beginnen Sie über die einzelnen Glaubenssätze nachzudenken und nachzuspüren, die Ihnen nun einfallen. Wichtig ist: wie fühlen Sie sich dabei? Fühlt sich der Satz gut an, sind Sie überzeugt von seiner Richtigkeit? Oder spüren Sie ein Unbehagen in sich aufsteigen? Ein Satz meiner Kindheit lautet zum Beispiel: „Geld macht nicht glücklich!". Jedes Mal, wenn ich diesen Satz hörte, spürte ich in meiner Magengrube einen dumpfen Schlag. Bis ich den Satz für mich erweitert habe: „Geld macht nicht glücklich, aber es beruhigt ungemein!". So wurde dieser negative Glaubenssatz, der es einem nahezu verbot, nach Reichtum zu streben, oder zumindest nach Wohlstand, in einen positiven Satz umzuwandeln. Ich darf mich nach Geld sehnen und ich darf es auch positiv empfinden. Denn ja, es beruhigt! Und ich kenne beide Seiten: arm zu sein und nicht zu wissen, wie man im nächsten Monat das Essen zahlen soll und so vermögend zu sein, dass Geld keine Rolle spielt. Und wenn mich heute jemand fragt antworte ich ohne mit der Wimper zu zucken, dass ich alles dafür tue, um wohlhabend zu sein. Man kann sich mit Geld nicht alles kaufen, meinen die einen. Gesundheit zum Beispiel. In einer gewissen Weise ist das richtig. Wenn ich aber nicht einmal das Geld habe, um zwei Mal im Jahr zum Zahnarzt zu gehen, bin ich auch nicht glücklicher! Oder die Chance, mich gesund zu ernähren – die billigsten Nahrungsmittel sind oft die ungesündesten – diese Chance habe ich mit Geld wesentlich leichter.

Also: machen Sie sich auf die Suche nach Ihren negativen Glaubenssätzen. Und dann nehmen Sie sich einen Satz nach dem anderen bewusst vor. Welche Glaubenssätze stimmen nicht mit Ihrer ureigenen Überzeugung überein?

Geben Sie diesen Sätzen eine andere Richtung und verwandeln Sie sie in positive Glaubenssätze! Bedenken Sie dabei, dass Sie sich – wie bei Gewohnheiten auch – mindestens drei Wochen mit nur einem einzigen Satz beschäftigen sollten, bevor Sie den Nächsten in Angriff nehmen. Konzentrieren Sie sich ausschließlich auf einen einzigen Satz und versuchen Sie täglich, diesen ins Positive zu wenden, oder ganz zu vermeiden. Geben Sie sich dazu die Zeit. Und wenn Sie mit dieser Aufgabe nicht weiterkommen suchen Sie sich einen örtlichen Life Coach und Berater, der Sie dabei unterstützt. Ich persönlich komme ganz gut alleine damit zurecht, aber auch ich suchte mir für meine zwei schwierigsten Glaubenssätze einen professionellen Coach, die mir die perfekten Handlungsanweisungen dazu gab.

Sie können sich, sofern handwerklich begabt, Ihren Lieblingssatz auch auf ein Brett malen, zeichnen, schreiben und in Ihr Haus an einen prädestinierten Ort hängen, damit Sie täglich daran erinnert werden. „Happiness is not a destination – it is a way of life" hängt zum Beispiel bei uns seit mehreren Jahren im Wohnzimmer. Damit auch wir jeden Tag daran erinnert werden, dass Glücklichsein nicht unser Ziel ist. Sondern unsere eigene Verantwortung, jeden Tag glücklich zu leben.

Lebenslanges Lernen vs. Allgemeinwissen

Das Lernen über sich selbst können Sie zweifelsohne unter der Kategorie „Lebenslanges Lernen" verbuchen. Nicht zu verwechseln mit dem Anhäufen von Allgemeinwissen. Eine grundsätzliche Allgemeinbildung ist von Vorteil, wenn Sie oft Small Talk halten müssen oder Sie vorhaben, einmal bei Günther Jauch auf dem Millionärs-Stuhl zu Gast zu sein.

Etwas über sich lernen, das können Sie nicht genug. Unter dem Stichwort „Persönlichkeitsentwicklung" finden Sie zahlreiche renommierte Fachbücher im Buchhandel, Kurse und Videos im Internet. Sie fragen sich möglicherweise, wieso das so wichtig sei, wenn alles, was Sie wollen doch nur ein bisschen mehr Zeit im Leben ist.

Es gibt diesen klugen Spruch: „Es geht nicht darum, dem Leben mehr Tage zu geben, sondern den Tagen mehr Leben." Aber ich frage Sie, wenn Sie nicht einmal wissen, wohin Sie wollen, wer Sie eigentlich sind und ob Sie bereits das Leben leben, dass Sie sich schon immer gewünscht haben... wieso wollen Sie dann noch mehr Zeit dafür? Dann beißt sich die Katze in den Schwanz, denn was hilft es Ihnen, wenn Sie nach der Umsetzung der nachher beschriebenen Methoden tatsächlich mehr Zeit zur Verfügung haben? Wenn Sie dann nicht einmal wissen, wofür Sie diese Zeit nutzen wollen? Um noch mehr zu arbeiten, noch weniger Zeit für Hobbies zu haben, sich selbst noch mehr zu vernachlässigen?

Nein, da müssen Sie schon zuerst genau über sich selbst Bescheid wissen. Denn mein Ziel ist schließlich, Ihnen einen ganzen Werkzeugkasten an die Hand zu geben, einen Plan, der Ihnen dauerhaft dabei hilft mehr Zeit zu gewinnen. Und nicht, mehr Zeit zu gewinnen, um sie zu verschwenden.

Selbstredend können Sie parallel dazu weiterhin Allgemeinwissen sammeln, um anschließend Ratgeber in der Form von „Unnützem Wissen" zu schreiben. Oder eben bei Herrn Jauch die nächste Million zu gewinnen. Aber selbst dann wüssten Sie wahrscheinlich nicht einmal, was Sie mit der Million nun anstellen sollen. Sie haben zwar Dank Ihres Allgemeinwissens die Million gewonnen – aber mit Finanzanlagen und -strategien haben Sie sich noch nie beschäftigt. Und auch nicht damit, ob Sie nun zuerst Ihr Haus abbezahlen sollen (Wert: Sicherheit), lieber doch ein Sabbatical einlegen und die Weltreise durchführen wollen (Wert: Freiheit) oder doch den langgehegten Traum wahr machen und ein eigenes kleines Künstler-Café eröffnen (Wert: Kreativität).

Sie sehen, deshalb sind Ihre Werte so immens wichtig. Und ich verrate Ihnen ein kleines Geheimnis: die Werte können sich auch ändern. Gerade deshalb ist das lebenslange Lernen so wichtig. Für den Anfang genügt es, wenn Sie sich auf den aktuellen Zustand konzentrieren. Ich kann Ihnen aber nur empfehlen, gerade Ihre Persönlichkeit mindestens einmal im Jahr zu hinterfragen und Ihre Werte auf den Prüfstand zu stellen. Und ob es etwas Neues gibt, das Sie über sich gelernt haben. Vielleicht haben Sie im Beruf eine neue Position eingenommen, die nun Führungsqualitäten von Ihnen verlangt. Oder Sie haben eine Familie gegründet und sind nun als Elternteil gefragt.

Das Leben ist in stetigem Wandel, so sind es auch wir. Und je nach Zustand verwenden wir die gewonnene Zeit für andere Prioritäten.

Fazit

Seien Sie bereit zu lernen! Sie müssen es wollen! Beginnen Sie mit dem nächsten Kapitel am besten erst, wenn Sie sich die oben beschriebenen Gedanken gemacht haben. Nehmen Sie sich die Zeit, denn diese ist nicht verloren und bringt Sie Ihrem eigentlichen Ziel, generell mehr Zeit zu haben, deutlich näher.

Seien Sie sich bewusst, nach welchen Werten und Glaubenssätzen Sie leben wollen und welche Sie dazu verändern müssen, um das Leben zu leben, das Sie sich eigentlich wünschen.

U = UNDERSTAND

VERSTEHEN

Der zweite Schritt auf dem Weg zu mehr Zeit führt Sie auf den Weg zu einem besseren Verständnis.

Wenn Sie dieses Kapitel durchgearbeitet haben sollten Sie die folgenden Fragen beantworten können:

Wer ist verantwortlich für die Erreichung meiner Ziele?
Woher nehmen Sie die tägliche Motivation für Ihr Leben?
Welche Momente im Leben haben Sie bisher herausgefordert und werden Sie in Zukunft herausfordern?
Wo findet in meinem Leben bisher die größte Verschwendung statt?

Diesen vier Fragen gehen wir nun genauer auf den Grund.

Warum *Verstehen* so wichtig ist

Auf unserem lokalen Radiosender gibt es eine Comedy-Sendung, in der alle zwei Jahre, wenn die deutsche Fußball-Nationalelf ihre großen Auftritte in Europameisterschaft oder Weltmeisterschaft liefern darf, der Bundestrainer mit seiner Mannschaft spricht. Auch wenn es sich jedes Mal um ein anderes Thema in der Trainerkabine handelt so beginnt die Szene immer wie folgt: der Bundestrainer fragt die Mannschaft: „Ich hab' euch da ´ne E-Mail geschickt, hab ihr die auch bekommen?". Und die Mannschaft antwortet jedes Mal: „Jaaha!". Woraufhin er fragt: „Habt ihr sie auch gelesen?" und die Mannschaft wieder antwortet: „Jaaha!". Und der Trainer sie ein letztes Mal fragt: „Habt ihr sie auch verstanden?". Jetzt antwortet die Mannschaft: „Nee!"

Und so wie in diesem kleinen Sketch handelt der nächste Punkt, der Sie nun erwartet vom *Verstehen*. Sie können hunderte Bücher lesen, sich weiterbilden, Persönlichkeitsentwicklung betreiben – wenn Sie nicht verstehen, was Sie anschließend damit anfangen sollen. Mit den Erkenntnissen.

Das Verständnis für Ihre Beweggründe, Ihre Ziele und Ihr Anliegen bildet sozusagen Ihr Grundlagenbewusstsein für die kommenden Kapitel und Schritte. Ich möchte Ihnen, um diese Grundlagen zu erweitern, vier Punkte an die Hand geben, die Sie für Ihr Verständnis beachten sollten. Vielleicht kennen Sie den ein oder anderen Punkte bereits.

Verantwortung

Der sicherlich wichtigste Punkt überhaupt: Ihre Verantwortung sich selbst gegenüber. Niemand ist für die Erkenntnisse verantwortlich, die Sie im vorherigen Kapitel gewonnen haben. Sie streben nach Sicherheit und wählen aus diesen Gründen einen Beruf als Angestellter, renommiertes Unternehmen, sicherer Arbeitsplatz. Kommt es zur Kündigung können Sie möglicherweise Ihr Bedürfnis nach Sicherheit nicht mehr befriedigen. Dies zu ändern liegt aber nicht in der Verantwortung des Arbeitgebers! Genauso wenig ist der Partner dafür verantwortlich, dass Sie glücklich sind. Viele Menschen vergessen diese Tatsachen. Die Verantwortung für Ihr Tun, Handeln und persönliches Glück liegt einzig und allein bei Ihnen.

Ja, aber, wenn mein Chef mehr Gehalt zahlen würde…, wenn die Bank den Kredit genehmigt hätte…, wenn die Kinder auf einer anderen Schule wären…, wenn die Miete nicht so teuer wäre…, wenn meine Eltern damals nicht…

Als Kind habe ich gern damit um mich geworfen: „Wenn das Wörtchen *Wenn* nicht wär', dann wäre ich jetzt Millionär." Sie sehen, als Kind hat man nicht wirklich verstanden, was man da eigentlich halb lachend, halb seufzend von sich gibt. Aber man hat es geglaubt. Und das ist noch viel schlimmer. Millionär werden, das können immer nur die Anderen. Weil. Als Erwachsener wird es noch viel anstrengender. Denn dann weiß man ja, warum es nicht geht. Warum man seine Ziele nicht erreichen kann. Wir sind Meister der Selbsttäuschung und der Ausreden. Besonders die Deutschen und Europäer. Keine Kultur ist so depressiv und pessimistisch unterwegs wie wir Deutschen.

An meinem Kühlschrank hing eine Weile eine passende Postkarte dazu: „Manche sehen das Glas halb voll, andere sehen das Glas halb leer. Als Mutter siehst du das Glas eigentlich immer nur umfallen." Vielleicht sollte ein jeder ab und zu seinen Blickwinkel ändern, statt diese gezwungene optimistische Haltung aufrecht zu erhalten, die eher in Selbstbetrug endet oder auch eine pessimistische „Das klappt sowieso nicht"-Haltung.

Der viel einfachere Weg, und auch der einzig Sinnvolle: übernehmen Sie Verantwortung für sich, Ihre Wünsche und Ziele und vor allem für Ihre Taten! Niemand ist dafür verantwortlich, dass sich IHRE Träume erfüllen! Und wenn Sie sich mehr Zeit für Ihr Leben wünschen, dann müssen SIE sich darum kümmern. Und Sie können das!

Lesen Sie Ihre Notizen aus dem ersten Kapitel und überlegen Sie ganz konkret: was können Sie dafür tun, dass diese Ziele erreicht werden? Vielleicht stellen Sie fest, dass Sie sich zu viel vorgenommen haben, dass manche Träume unrealistisch sind auf Grund gegebener Tatsachen. Oder dass Sie eigentlich immer noch kein klares Anliegen haben? Dann machen Sie eine Pause an dieser Stelle, bis Sie die Eingangs-Fragen des vorherigen Kapitels beantworten können.

Wenn Sie aber wissen, was Ihr wahres WARUM ist, dann sind Sie jetzt frei zu überlegen, was Sie denn dafür tun müssten oder können, um diese Ziele zu erreichen. An dieser Stelle geht es noch nicht um die Detailarbeit, damit beginnen wir im nächsten

Kapitel. Es geht darum, das Bewusstsein zu schärfen, an welcher Stelle Sie die Verantwortung übernehmen können. Ihre Gehaltserhöhung ist an den Erfolg der Firma gebunden, auf den Sie aber keinen Einfluss haben? Dann müssen Sie etwas an dieser Situation ändern, statt darauf zu hoffen, dass sich die Erfolgsquote der Firma erhöht.

Machen Sie sich nicht von anderen abhängig. Gender-Diskussionen und Gleichberechtigung hin oder her: wie viele Mütter kenne ich, deren erklärtes Ziel lautet: „Wenn ich mich nur genug um meinen Mann kümmere, dann wird er mir meine Wünsche schon erfüllen." Ganz simpel zusammengefasst. Da werden Weltreisen geplant, als der „große Lebenstraum". Um dann den Traum beiseite zu legen, weil der Partner sich das mit der Ehe doch anders gedacht hat und die Beziehung nach zehn Jahren endet. Lange, bevor der große Lebenstraum nur ansatzweise in Erfüllung ging. Wenn Sie selbst die Verantwortung dafür übernehmen, dann heißt das aber nicht, dass dieser Traum geplatzt sein muss. Denken Sie immer daran, Sie wechseln nur das tote Pferd, nicht Ihr Ziel!

Womit wir beim zweiten Punkt wären:

Erstens kommt es anders, und zweitens, als man denkt.

Ich liebe es zu planen. Ich bin ein Organisationstalent und daher relativ stressfrei unterwegs, was alles planungstechnische betrifft. Denn ein gut geplantes Event, ob Kindergeburtstag oder Business-Veranstaltung spart Ihnen Stress, Zeit und Nerven.

Und trotzdem müssen Sie verstehen, dass man – so gut man es auch geplant hat – IMMER einen Plan B haben sollte. Mit einer Ausnahme: wenn es um Ihr persönliches Anliegen geht. Das große Ganze. Vielleicht kennen Sie die Geschichte von Hernan Cortes, der mit einer 1.000-Mann starken Armee die Azteken bezwang. Er setzte auf keinen Plan B – er ließ nach der Ankunft der spanischen Flotte alle Schiffe versenken, um seinem Heer jegliche Optionen auf einen Rückzug zu nehmen. Sie konnten nur noch eines: gewinnen. Wenn Sie bezogen auf Ihr dringendes Anliegen einen Plan B in der Hinterhand haben ist die Wahrscheinlichkeit, dass Sie Ihr Ziel nie erreichen werden recht groß. Weil Sie auf diese Weise nicht durchhalten werden, wenn es darauf ankommt.

Deshalb scheitern so viele Menschen vor der Erreichung Ihres Ziels. Und da sind wir wieder bei der Geschichte mit dem toten Pferd. Woher wissen Sie denn, dass das Pferd überhaupt tot ist? Oder ist es doch nur erschöpft und die nächste Oase ist nur noch 500 Meter um die Kurve herum zu erreichen? Die Antwort kann Ihnen leider niemand geben. Deshalb manchmal dann doch der Plan B – wechseln Sie das Pferd.

Zwei der großen Mythen, bei denen es so gut wie immer anders kommt, als man es sich vorher vorgestellt hat sind Beziehungen und Kinder.

Eine Ehe ist harte Arbeit. Wird Ihnen jedes Paar mit diamantener Hochzeit bestätigen. Dass es immer diese Hochs und Tiefs gab. Doch woher wissen Sie, ob Sie sich gerade nur in einem Tief befinden oder ob es sich lohnt, um die Beziehung zu kämpfen? In meinen Augen lohnt es sich immer. Immer dann, wenn auch wirklich beide daran arbeiten. Aber Sie sind clever – bis zur Selbstaufgabe müssen Sie sich nicht verbiegen und auch nicht kämpfen. Eine Beziehung sollte schließlich kein Kampf sein. Wenn Sie nun aber das Ziel haben, wieder mehr Zeit für Ihr Leben zu erhalten – und Sie spüren, dass Ihr Partner Sie mehr bremst als fördert, wenn Sie einfach nicht vorankommen, dann vergessen Sie bitte nicht, dass Sie nur dieses eine Leben haben. Es ist keine Generalprobe für das Leben nach dem Tod. Dies soll kein Plädoyer dafür sein, bei den ersten Anzeichen von Schwierigkeiten die Flinte ins Korn zu werfen. Es soll Ihnen nur aufzeigen, dass Sie das Verständnis entwickeln, dass es besonders hier oft anders kommt als man denkt. Bei Scheidungen nennt man diesen Grund dann „unüberbrückbare Differenzen". Glücklich können sich die Paare schätzen, die bereits vor der Eheschließung wissen, was sie eigentlich wollen. Sie erinnern sich an die Fragen aus dem ersten Kapitel.

Das muss nun auch nicht bedeuten, dass Sie das Wagnis einer längeren Beziehung erst gar nicht eingehen wollen. Nur, um Ihre Ziele zu erreichen. Natürlich kostet eine Partnerschaft tatsächlich sehr viel Zeit. Wenn Sie im Wohnmobil lebend die Welt bereisen wollen, dann sollte Ihr Partner das auch unbedingt mittragen wollen. Alleine können Sie tun und lassen, was Sie wollen. Und als Single haben Sie bereits wesentlich mehr Zeit, als in einer Partnerschaft lebend. Dennoch: der Mensch ist ein geselliges Wesen und geteilte Freud ist doppelte Freud. Deshalb wünsche ich Ihnen bei der großen Anzahl an frei herumlaufenden ledigen Menschen, dass Sie den Deckel für Ihren Topf gefunden haben oder noch finden werden. Liebevoll formuliert: früher oder später finden immer die Menschen mit demselben Dachschaden zueinander. Denn es gibt nichts Besseres als diesen einen Menschen, den Sie alle aus den Liebesliedern der großen Sänger kennen oder aus den Gedichten der lyrischen Helden. Ihren Hafenmeister, Ihren Ankerplatz. Der Fels in der Brandung, der Sie stützt und unterstützt und motiviert. Aber auch darauf muss man sich einlassen können und wenn Sie schon keine Zeit für sich selbst haben, wie wollen Sie dann Zeit für diesen liebsten Menschen aufbringen? Dazu müssen Sie sich erst einmal selbst bedingungslos lieben – denn eine Beziehung funktioniert wie in der Geschichte mit den zwei Bettlern: es lebten zwei Bettler, die beide mit nichts in der Jackentasche durch die Straßen irrten. Sie kannten sich nicht. Beide Bettler liebten sich selbst nicht und trugen nichts als Leere mit sich herum. Trotzdem sagten sie sich: „Wenn ich doch nur jemanden finden würde, der mir von seiner Liebe etwas abgeben könnte, dann wäre ich wirklich glücklich!". Eines Tages trafen die beiden aufeinander und griffen voller Euphorie in die Taschen des Anderen – nur um festzustellen, dass dort auch nichts zu holen war. Die Moral von der Geschichte: wenn Sie geliebt werden wollen müssen Sie zu allererst sich selbst lieben. Ansonsten haben Sie nichts, was Sie an andere Menschen weitergeben können.

Ein weiteres großes Ziel in der Lebensplanung vieler Menschen sind oft eigene Kinder. Auch das müssen manche, gemäß diesem Kapitel, erst verstehen.

Mittlerweile kann man sich die Frage stellen, ob Kinder zum Statussymbol degradiert wurden. Es scheint schick, erst einmal Karriere zu machen, dann ein Kind zur Vervollständigung des perfekten Glückes zu bekommen, um dann irgendwann festzustellen, dass es dann doch irgendwie anders lief, als man sich das so bilderhaft vorgestellt hatte.

Fakt ist, dass Kinder teuer sind und sehr viel Zeit in Anspruch nehmen. Es steht außer Frage, dass die Zeit in den meisten Fällen ein Geschenk ist. Ein Bilderbuchweihnachtsfest, mit leuchtenden Augen eines 4jährigen, der soeben entdeckt hat, dass der Weihnachtsmann da war und mit dem Christkind heimlich die Geschenke unter den Baum gelegt hat – einer der zauberhaften Momente, die Eltern niemals vergessen.

Was Sie aber verstehen dürfen: nehmen Sie sich ein Beispiel am Zeitempfinden der Kinder. Für Kinder erscheinen die Tage oft endlos! Sie weigern sich, schlafen zu gehen, jeden einzelnen Tag. Was? Schon wieder ins Bett? Aber ich will doch noch … Und morgens können sie es oft kaum erwarten aufzustehen. Schnell raus, in den Kindergarten, da warten die besten Freunde! Der große Unterschied ist natürlich auch, dass dies die Zeit der vielen ersten Male ist. Zum ersten Mal alleine Zähne putzen. Alleine ohne Mama oder Papa ins Bett gehen. Das Sonntagsbrötchen alleine aufschneiden können. Im Winter zum ersten Mal Schnee sehen. Zum ersten Mal mit einem Fahrrad fahren. Zum ersten Mal bei einer Freundin übernachten... der erste Schultag. Später werden es das erste Mal Auto fahren, der erste Kuss, der erste Job... die Zeitabstände werden allerdings immer länger und so ähneln die Schultage von Oberstufenschülern – und die Launen dazu – eher denen der Erwachsenen. Man bekommt die Jugendlichen kaum aus dem Bett – aber immerhin wollen sie abends immer noch nicht früh schlafen gehen.

Als Erwachsener haben sich die meisten dann mit dem Gegenteil arrangiert: Hauptsache schnell ins Bett, da wird dann über senile Bettflucht gewitzelt. Und morgens liegen bleiben, bis es nicht mehr länger geht. Dabei müssten sie einfach nur verstehen, wie selten und kostbar die ihnen gegebene Zeit ist! Viel zu kostbar, um sie einfach so verstreichen zu lassen. Und gestern war heute schon morgen!

Haben Sie Verständnis für sich, Ihre Wünsche und Ihre Situation. Wenn Sie verstanden haben, was Sie wirklich wollen, was Ihr innerer Antrieb ist, was Ihre eigentlichen Ziele sind und nach welchen Werten Sie leben wollen, erübrigt sich der Rest schon fast von alleine.

Sie müssen sich bei allem, was Sie tun in Zukunft nur noch fragen, ob es Sie irgendwie Ihrem Ziel näherbringt. Und wenn Ihre Vorstellung wirklich klar ist, dann werden Sie ohne Umschweife wissen, ob Sie auf dem richtigen Weg sind. Oder was Sie entsprechend ändern müssen.

Deshalb ist das Verstehen so unheimlich wichtig! „Wenn Du ein Schiff bauen willst, dann trommle nicht Männer zusammen, um Holz zu beschaffen, Aufgaben zu vergeben und die Arbeit einzuteilen, sondern lehre die Männer die Sehnsucht nach dem weiten, endlosen Meer. " Das sagte einst der französische Schriftsteller Antoine de Saint-Exupéry. Wenn die Männer verstanden haben, warum Sie die Schiffe benötigen, wenn Sie eine Sehnsucht entwickelt haben nach diesem einen inneren Anliegen, dann werden Sie freiwillig so viele Schiffe bauen, wie sie nur können. Weil sie das, und nur das, ihrem Ziel, das weite, endlose Meer zu erreichen näherbringt.

Aber ob als Mann auf einer einsamen Insel, der Boote baut oder als alleinerziehende Alltagsheldin der Moderne: allen, die noch etwas vorhaben sei gesagt (und damit wären wir beim dritten Punkt angelangt):

Von nichts kommt nichts.

Das ist eine etwas ausgetretene Floskel, an der leider viel Wahres hängt. Allerdings gibt es dafür ein kleines Wunderrezept und das besteht aus dem genialen Mix von Routinen und Ritualen.

Wenn Sie etwas erreichen wollen – egal, ob kleine oder große Ziele – dann erreichen Sie diese grundsätzlich einfacher, wenn es zur Gewohnheit geworden ist. Gerade an Neujahr werden viele Vorsätze getroffen. Mehr Sport, gesünder essen, aufhören zu Rauchen ... viele dieser Vorsätze verlaufen im Sand, weil Sie nicht versucht haben, den guten Vorsatz zur Gewohnheit zu etablieren. Und zwar egal, ob Sie wollen oder nicht. Denn dazu muss man wissen, dass es rund 66 Tage dauert, bis sich eine Änderung Ihres Lebensstils, Ihrer bisherigen Angewohnheit oder Ähnlichem zu einer Gewohnheit entwickelt. Sie wollen täglich eine Runde Joggen, direkt nach dem Aufstehen. Das halten Sie ein paar Tage durch, doch nach zwei Wochen kommt der erste Motivationsknick. Dann lässt man es ausfallen. Und dann nochmals. Man rappelt sich wieder auf, reißt sich zusammen und läuft nochmals 14 Tage mehr tapfer als fleißig seine Strecke. Und nach 30 Tagen fühlen Sie sich schon bedeutend wohler. So bedeutend, dass Sie die neu gewonnene

Routine vernachlässigen. Und Sie somit wieder von Vorn beginnen.

Wenn Sie eine Gewohnheit durch eine andere ersetzen wollen müssen Sie sich diese 66 Tage vor Augen halten. Konkrete Beispiele dazu erhalten Sie im nächsten Kapitel.

Wichtig ist, dass Sie durchhalten, immer das eigentliche Ziel vor Augen. Dass Sie laufen gehen, egal ob es stürmt oder schneit, ob Sie müde sind, am Abend vorher zu lange auf waren, ob das Knie etwas zwickt. Sie müssen die neue Gewohnheit zur Routine machen. Denn dann haben Sie nach 66 Tagen erreicht, dass Sie die Routine ohne Nachdenken durchführen. Dann gehen Sie des Laufens willen morgens aus dem Haus. Und nicht mehr, weil Sie sich zwingen müssen.

Warum Routinen so wichtig sind? Weil sie uns Halt geben. Sicherheit. Der Mensch ist ein Gewohnheitswesen. Wenn Sie feste Rituale und Routinen in Ihren Alltag einbauen erreichen Sie besonders das Ziel mehr Zeit zu haben wesentlich leichter und schneller. Und weil diese so wichtig sind widmen wir uns im nächsten Kapitel komplett den Routinen.

Die sieben Arten der Verschwendung

Nicht nur mit unserer Zeit gehen wir selten viel zu verschwenderisch um. Im Lean Management haben sich bereits seit Jahrzehnten die 7 Arten der Verschwendung etabliert. Wenn Sie verstanden haben, welche Möglichkeiten der Verschwendung Sie in Ihrem Leben betreffen sind Sie bereits einen großen Schritt weiter, denn nur dann können Sie diese auch vermeiden.

Generell gilt zusammenfassend für alle Verschwendungsarten die Regel:

Alle Aktivitäten und Prozesse, die Kosten oder Leid verursachen, aber keinen Wert erzeugen, bzw. Sie Ihrem Ziel nicht näher bringen sind Verschwendung.

Im Einzelnen lassen sich die Verschwendungsarten in sieben Kategorien unterteilen:

1. Überproduktion

Eine Überproduktion findet immer dann statt, wenn Sie mehr geschaffen oder getan haben, als Sie hätten tun müssen.

Ob Sie im Privatleben wieder einmal zu viel gekocht haben und den Rest des Essens wegwerfen müssen oder im Büro eine zehnseitige E-Mail ausgedruckt haben, bei der die letzten sieben Seiten lediglich aus Signaturen und Wiederholungen bestehen.

Auch Informationen können überproduziert werden: wenn im Büro mehrere Kollegen dieselbe Aufgabe erhalten und nicht klar definiert ist, wer diese zu erledigen hat arbeiten möglicherweise mehrere Personen gleichzeitig an einer Aufgabe, obwohl eine Person ausgereicht hätte. Ein klassischer Fall der Überproduktion.

Die Überproduktion ist eine relativ leicht zu erkennende Art der Verschwendung.

2. Bestände

In einem Familienhaushalt die klassische Anhäufung von Dingen. Das Sammeln und Horten von Gegenständen gehört eindeutig in diese Kategorie der Verschwendung.

Bestände als Verschwendungsart entstehen immer dann, wenn Sie mehr eingekauft haben, als Sie eigentlich benötigen. Großpackungen von Lebensmitteln, die abgelaufen sind, bevor Sie sie essen konnten. Auch das Aufbewahren von Gegenständen und Dingen, die Sie eigentlich nicht mehr in Ihrem Haushalt haben wollen. Manche Familien mieten sich aufgrund des eigenen kleinen Kellers einen externen Lagerraum an, um dort die Bestände zu lagern.

Im Büro und der Firma erkennen wir Bestände ebenfalls sehr gut. Wenn das Kopierpapier, die Getränke und die Büromaterialien in so großen Mengen eingekauft werden, dass dafür ein eigener Lagerraum benötigt wird sprechen wir von Verschwendung. Weil Sie diesen Raum einsparen könnten, wenn Sie nur weniger kaufen würden. Auch der Schreibtisch wird gern von Beständen belagert. All die Materialien, die dort eigentlich nicht hingehören verschwenden wertvollen Platz auf der Oberfläche.

Bestände kann man sehr gut mit der 5S-Methode auflösen. Daher wird im nächsten Kapitel besonders auf diese Methode eingegangen.

3. Korrekturen und Fehler

Diese Verschwendungsart entsteht meist, wenn man eine Aufgabe auf die Schnelle erledigen will, um später festzustellen, dass man das Ganze nochmals machen muss.

Wenn Ihnen am Holzstuhl ein Teil der Lehne abgebrochen ist und Sie dieses Teil ankleben, da dies der schnellste Weg ist. Leider bricht das Stück kurze Zeit später wieder ab, weil der Klebstoff – was Sie bereits beim Ankleben wussten – der Last nicht gewachsen ist. Also müssen Sie nun doch das Werkzeug holen und die Lehne wieder zusammenschrauben und dübeln. Die Zeit, die Sie zum Kleben verwendet haben war verschwendet.

Vielleicht haben Sie sich auch dabei ertappt, dass Sie morgens eine wichtige E-Mail nur kurz überflogen haben. Am Abend stellen Sie fest, dass Sie morgens vergessen haben, den Termin, der in der E-Mail genannt wurde zu notieren. So müssen Sie den Computer wieder anschalten, die E-Mail suchen und öffnen, um schlussendlich den Termin zu notieren.

Viele Fehler entstehen im Alltag durch Multitasking. Versuchen Sie, sich stets nur einer Aufgabe zu widmen, so dass Fehler gar nicht erst entstehen.

4. Wartezeiten

Wie oft müssen wir auf andere Personen warten? Ist es möglich, dies mit einem Stunden- oder Zeitplan zu ändern?

Im Privatleben prüfen Sie, ob die Termine der einzelnen Familienmitglieder aufeinander abgestimmt sind. Planen Sie Pufferzeiten ein, aber kalkulieren Sie nicht zu freizügig. Im Arbeitsleben trifft dies auf die Termine mit den Kollegen und Kunden zu.

Oft scheitern wir daran, dass wir die Termine nicht klar kommunizieren und Missverständnisse entstehen.

Wenn ihr Partner ankündigt „wahrscheinlich zum Abendessen zu Hause zu sein" – weiß er wirklich, wann Sie geplant haben, das Abendessen zubereitet zu haben? Und was tun Sie, wenn er es nicht zum Abendessen geschafft hat?

Hier sind beide beteiligt: Sie müssen ganz klar kommunizieren: „Um 18 Uhr wird das Abendessen fertig sein; da ich heute Abend etwas koche wird es danach möglicherweise kalt sein." Ihr Partner muss ebenfalls kommunizieren, wenn er tagsüber einen Geschäftstermin dazwischengeschoben bekommt: „Schatz, ich schaffe es heute nicht bis 18 Uhr – wartet nicht auf mich.". Oder auch: „Es kam ein ungeplanter Termin dazwischen – ist es vielleicht möglich, dass wir eine halbe Stunde später essen können?".

Im Beruf ist es eigentlich üblich, sich zu melden, wenn Sie wissen, dass Sie mehr als fünf Minuten Verspätung haben. Dann kontaktieren Sie Ihren Terminpartner und geben frühzeitig Bescheid, damit dieser nicht unnötig Zeit mit Warten verbringt, sondern die Zeit noch sinnvoll nutzen kann.

Mit dieser klaren Kommunikation vermeiden Sie unnötige Wartezeiten, die auf beiden Seiten zu Unzufriedenheit führen. Generell sollten Sie an dieser Stelle die Prozesse und Abläufe überprüfen und bewusst nach Flaschenhälsen suchen, an denen sich Wartezeiten anstauen.

5. Unnötiger Transport

Diese Verschwendungsart tritt auf, wenn wir Dinge hin und her fahren, ohne es vorher koordiniert zu haben. Das Kind morgens mit dem Auto zur Schule fahren, weil Sie planten, es nachmittags dort auf dem Nachhauseweg wieder abzuholen. Mittags fällt Ihnen aber ein, dass Sie dringend von zu Hause noch etwas für das Projekt in der Firma benötigen – Sie hatten die Unterlagen zu Hause vergessen. Also fahren Sie dieselbe Strecke nochmals. Bis Ihnen einfällt, dass Ihr Sohn heute mit einem Freund gemeinsam nach Hause gehen wollte – und Sie morgens ganz umsonst den Weg mit dem Auto gefahren sind.

Für gewöhnlich fährt das Kind schließlich mit dem Bus zur Schule.

Wenn Sie bereits einmal umgezogen sind, wissen Sie ebenfalls, was unnötiger Transport bedeutet. Sie haben möglicherweise nach dem Einzug beim Kistenauspacken mehr als eine Kiste unnötig von einem Zimmer in das Nächste getragen, nur um dann wenige Tage später festzustellen, dass die Kiste nicht korrekt beschriftet war und Sie sie wieder zurück in das Zimmer tragen, aus dem Sie sie ursprünglich geholt hatten.

Im Büro oder an der Arbeitsstelle finden wir unnötigen Transport gern beim Holen und Bringen von Unterlagen. Wenn Sie dazu durch mehrere Büros laufen müssen oder Kollegen zu weit auseinander sitzen entstehen unnötige Transportwege. Setzen Sie Kollegen, die viel miteinander zu tun haben in die Nähe und stellen Sie die papierbasierte Archivablage auf ein digitales System um!

Vermeiden können Sie unnötige Transportwege beim Autofahren außerdem durch eine gute Planung – wann muss wer wo bei welchen Aktivitäten sein? Haben Sie die Möglichkeit, öffentliche Verkehrsmittel zu nutzen, statt im Großstadtverkehr in der Rush Hour unnötig Umwege fahren zu müssen, um pünktlich bei Ihrem Termin anzukommen?

6. Unnötige Bewegungen

Dazu zählt zum einen das Suchen von Dingen. Wieviel Zeit verbringen Sie damit, auf der Suche nach Dingen durch Ihr Haus oder das Büro zu laufen?

Machen Sie sich eine Liste der zehn von Ihnen am meisten gesuchten Dinge und bestimmen Sie einen Platz, an dem diese in Zukunft aufbewahrt werden. Und zwar ein für alle Mal.

Auch eng gebunden an die unnötigen Bewegungen oben – eine Art der Verschwendung sind „Leerläufe". Wenn Sie in einem mehrstöckigen Haus leben können Sie sich angewöhnen jedes Mal etwas mitzunehmen was die Etage wechseln muss, ob auf dem Weg von unten nach oben oder umgekehrt. So vermeiden Sie, dass Sie die eine Strecke mit leeren Händen laufen, nur um dann den Weg nochmals zurücklegen zu müssen, um die benötigten Dinge zu holen.

Im Büro sollten Sie den Arbeitsplatz nach ergonomischen Gesichtspunkten gestalten. Außerdem können Sie Ihre Gewohnheiten interfragen: auch im Digitalen kann man „unnötige Bewegungen" haben: unnötige Meetings, Sitzungen, Berichte, Tätigkeiten belasten die Effizienz unseres Arbeitsalltags. Prüfen Sie, ob Sie Nebentätigkeiten auslagern können – mittlerweile bieten viele Firmen auch den Service von virtuellen Assistenten an!

7. Überbearbeitung

Ähnlich der Überproduktion verhält sich die Überbearbeitung oder auch Übererfüllung. Hier können gerne auch Prozesse betrachtet werden:

Ein Beispiel aus dem privaten Bereich: Sie wissen noch nicht, ob Sie den Urlaub im August genehmigt bekommen – planen aber schon einmal den Urlaub vor für den Fall des Falles, dass dieser genehmigt wird. Dafür nahmen Sie sich voller Vorfreude drei Abende Zeit. Als Ihr Urlaubsantrag abgelehnt wird sind Sie enttäuscht und verärgert, über die Zeit, die Sie bereits mit der Planung verbracht haben.

Bei der Arbeit sind die Überbearbeitungen eng gekoppelt mit den Überproduktionen. Wenn Sie eine Präsentation mit den nötigsten Daten erstellen sollen dann schreiben Sie kein Drehbuch für einen Film. Achten Sie genau auf die Inhalte der zu erledigenden Aufgaben!

Generell vermeiden Sie eine Überbearbeitung, indem Sie stets hinterfragen, ob die Gedanken, die Sie sich gerade machen wirklich zielführend sind. Rein spekulative Gedanken, bei denen Sie bei Nichterfüllung enttäuscht werden können dürfen Sie in Zukunft unterlassen. Dazu zählen ebenfalls die klassischen unnötigen Sorgen. Je mehr Sorgen Sie sich machen, Sie also das „Gehirn überbearbeiten", mit Thesen und Spekulationen, umso unzufriedener werden Sie in Ihrer grundliegenden Lebenseinstellung. Viele Gedanken dürfen Sie sich gerne machen – wenn Sie diese Ihren eigentlichen Zielen näherbringen. Mehr Gedanken als nötig sind eine Überbearbeitung oder auch Übererfüllung, die Sie oftmals nicht weiterbringen.

Die „5 Warums"

Auf der Suche nach den einzelnen Verschwendungsarten hilft Ihnen generell die Fragetechnik der „5 Warums". Auf diese Weise kommen Sie dem eigentlichen Kern auf den Grund und bekämpfen nicht nur überambitioniert die Symptome.

Ein Beispiel – die Lebensmittelverschwendung

Sie geben monatlich zu viel Geld für Lebensmittel aus. Warum? Weil Sie mehr wegwerfen, als Sie verarbeiten und essen können. Warum? Weil Sie, wenn das Essen auf dem Tisch steht bereits durch Zwischenmahlzeiten und Snacks zu satt geworden sind. Warum? Weil Sie meist erst dann in absoluter Hektik und spontan einkaufen, wenn die Familie bereits hungrig ist. Warum? Weil Sie nicht im Voraus planen, was Sie während der Woche kochen möchten. Warum? Weil Sie sich Sonntagabends bisher nicht die Zeit dafür genommen hatten.

Und damit haben Sie den eigentlichen Kern des Problems gefunden – würden Sie sich am Sonntagabend einen Wochenplan überlegen, dann könnten Sie am Montag den Wocheneinkauf einplanen und hätten so bereits für die ganze Woche im Voraus eingekauft. Sie können in diesem Fall sogar etwaige Resteverwertungen einplanen, und falls etwas übrig bleibt am nächsten Tag in die Vesperboxen für die Arbeit oder die Schule packen.

Wichtig ist bei dieser Frage nur, dass Sie exakt 5 Mal „Warum" fragen – mit zwei oder drei „Warums" erreichen Sie meist nicht das eigentliche Problem, mit zu vielen „Warums" stecken Sie irgendwann in einer Diskussion über Gott und die Welt und fragen sich, worin eigentlich der Sinn des Lebens besteht...

Fazit

Übernehmen Sie Verantwortung für Ihre Entscheidungen und Ihre Verhältnisse. Vergessen Sie nicht, dass es öfter gerne anders kommt als man denkt und verstehen Sie, dass Sie Ihr klares Anliegen immer direkt vor Augen haben sollten, wenn Sie etwas erreichen möchten. Hinterfragen Sie, welche Einstellung Sie bisher zu Routinen und Ritualen in Ihrem Leben hatten und verstehen Sie, dass diese Sie in großen Schritten weiterbringen können. Und verstehen Sie, in welchen Lebensbereichen Sie auf Verschwendung treffen und wie Sie diese vermeiden können.

D = DO

TUN

In meinem Büro sitzt ein Kollege. An der Wand neben seinem Schreibtisch hängt ein Whiteboard. Als er den Platz bezog und sich einrichtete war das Erste, was er daran klebte ein alter, vergilbter Zettel auf dem nur ein einziges Zitat stand:

„Erfolg hat drei Buchstaben. T – U – N."
Johann Wolfgang von Goethe.

Genau dieses TUN ist der Kern des L.U.D.W.I.G.-Prinzips und Sie werden nach diesem Kapitel wissen:

- Warum Ordnung die Kernkompetenz für mehr Zeit ist, und wie Sie ein für alle Mal nachhaltig für Ordnung sorgen können,
- welche Routinen und Rituale Sie im Leben voranbringen, und wie Sie diese konkret umsetzen, und
- was die gute alte Selbstdisziplin damit zu tun hat und was Sie tun müssen, um tatsächlich dauerhaft mehr Zeit in Ihrem Leben zu gewinnen.

Dies ist der Praxisteil des Buches und Sie dürfen sich die Zeit dafür nehmen, die Sie benötigen. Ich werde Ihnen Werkzeuge zum Arbeiten vorstellen und Sie in die Geheimnisse des Lean Managements einführen. Und zwar so pragmatisch, dass Sie selbst bereits noch während des Lesens mit der Umsetzung beginnen können. Ich garantiere Ihnen, dass Sie auf der Stelle mehr Zeit für sich gewinnen, wenn Sie nur die Hälfte der hier genannten Anregungen umsetzen.

Ordnung ist das halbe Leben...

... ich lebe in der anderen Hälfte. Als Professional Organiser kenne ich diesen Spruch zu Genüge. Eigentlich wird er gern als Entschuldigung für die eigene Bereitschaft aufzuräumen verwendet. An Platz zwei der Dauerausreden für

Aufräumunwillige rangiert im Übrigen „Das Genie beherrscht das Chaos", ein gern zitierter Albert Einstein, dicht gefolgt von „Wer Ordnung hält ist nur zu faul zum Suchen!".

Und diese letzten Worte sagen wunderschön aus, warum das Thema Ordnung so immens viel Zeit kostet. Wo das Chaos regiert und es keine Übersicht gibt wird eben gesucht. Stundenlang verbringen Menschen in den Büros um nach Dokumenten zu suchen. Und zu Hause nimmt der Spaß kein Ende, auch dort wird gesucht. Ob Autoschlüssel, Brille oder die Grillsauce im Kühlschrank. Irgendwo muss die doch sein, ich habe sie doch letzte Woche noch gesehen ...

Wer einen ordentlichen Haushalt präsentieren kann wird gern negativ beschrieben. Da ist man dann nicht mehr ordentlich, sondern gleich pingelig oder penibel, in Haushalten mit Kindern werden Mütter gern als sterile Helikoptermütter betitelt, nur weil die Essensreste unter dem Tisch täglich weggefegt werden. Bei Freunden zu Besuch lässt man sich hinterher über das Ambiente „wie im Schöner Wohnen-Magazin" aus, und wirft im eigenen zu Hause angekommen den Mantel demonstrativ erst einmal über die Sofalehne. Um beim nächsten Besuch ebenjener Freunde betont alles so zu lassen, um zu zeigen, dass man sich nicht verbiegen lasse. Man darf schließlich sehen, dass in diesem Haus gelebt wird. Und dann liegen eben hier und da und eigentlich überall Sachen herum.

Die Büros möchte ich an dieser Stelle nicht unerwähnt lassen. Auch da gibt es die „kreativen" Köpfe, deren Schreibtisch eher einem Schlachtfeld gleicht und man vor lauter Werbetassen nicht mehr weiß, welche davon als Kaffeebecher genutzt werden und welche eher Stiftehalter für die entsprechenden Werbe-kugelschreiber sein sollen. Stolz wird kundgetan, dass man jederzeit die Unterlagen besorgen könne, die man benötige, man dürfe nur nichts durcheinanderbringen, denn es habe alles exakt seine Ordnung und Daseinsberechtigung. Und im Urlaub delegiert man dann eben einfach via Telefon den Vertreter an den Schreibtisch und durch die einzelnen Stapel. Was ist das schon… hier und da mal eine kleine halbe Stunde mit organisatorischen Anweisungen im Urlaub zu verbringen, dafür müsse man doch Verständnis haben.

Nein, dafür muss man kein Verständnis haben. Weder für zugekramste Wohnungen, noch für volle Schreibtische anscheinend erfolgreicher Unternehmer.

Das Thema „Ordnung" ist in den letzten Jahren massentauglich geworden und erobert nicht nur Bücher und Videokanäle, sondern auch eigene Fernsehshows und Vortragsbühnen. Der Trend des Minimalismus ist weiterhin auf dem Vormarsch und nicht nur Dank Corona haben sich die Menschen freiwillig so schnell von so vielen Dingen getrennt. Der Gebrauchtwarenhandel floriert und es gibt fast nichts, was Sie nicht auch gebraucht zu einem neuwertigen Zustand, aber mit 70% Preisnachlass im Vergleich zum Neupreis kaufen können.

Außen hui, innen pfui. Psychologisch betrachtet trifft diese Redewendung im Bereich Ordnung definitiv nicht zu. Denn wer sich bereits einmal etwas näher mit diesem Thema beschäftigt hat weiß sehr wohl, dass die innere Ordnung und die äußere Ordnung untrennbar miteinander verbunden sind. In einem unordentlichen Haushalt werden Sie innerlich nicht zur Ruhe kommen können. Nichts gegen Gemütlichkeit – aber die innere Ordnung benötigt klare Linien, weiße Wände und ein aufgeräumtes Äußeres, um zur Ruhe kommen zu können. Denken Sie nur an den Siegeszug der Klöster in den Managementebenen. Eine Woche oder ein Wochenende „Retreat-Workshop", nur ein Kloster, die Schweigepflicht und Sie selbst. Ohne äußere Ablenkung finden die Menschen dort wieder zu sich selbst.

Ebenso wichtig ist die äußere Ordnung in den Büros unserer Unternehmen: einen Projektplan korrekt einzuhalten wird sich als schwieriger herausstellen, wenn auf dem Schreibtisch das blanke Chaos herrscht und der Überblick nicht vorhanden ist. Es ist unmöglich, sich in solch einer Umgebung auf das wirklich Wesentliche zu konzentrieren!

Der Zeitaufwand, den Sie für das alltägliche Suchen benötigen lässt sich mittels Stoppuhr tatsächlich recht einfach messen. Machen Sie sich den Spaß und stoppen Sie doch einmal die Zeiten, in denen Sie etwas suchen. Sie werden erstaunt sein, welch großen Anteil Sie nach einer Woche notiert haben!

Das wirksamste Mittel gegen Unordnung: 5S

Das wirksamste Mittel dagegen ist, es gar nicht erst so weit kommen zu lassen. Und hier setzt eines meiner Lieblingswerkzeuge des Lean Managements an: die 5S-Aktion. Egal, wo Sie diese verwenden: mit dieser Methode werden Sie definitiv die erste spürbare Zeitersparnis erhalten.

Krempeln Sie die Ärmel hoch und machen Sie sich bereit, denn mit dieser Methode werden Sie der Unordnung ein für alle Mal den Garaus machen!

Die 5S-Aktion definiert sich dadurch, dass Sie in 5 fest vorgegebenen Schritten für Ordnung sorgen. Und diese auch dauerhaft beibehalten. Der Leitgedanke dabei, den Sie stets im Hinterkopf behalten sollte ist, dass Sie strenggenommen – die 5S-Aktion einmal korrekt ausgeführt – nie wieder aufräumen müssen. Und dabei ist es völlig irrelevant, ob Sie von Ihrem Wohnzimmer, Ihrem Büro, dem Kleiderschrank oder dem Schreibtisch sprechen. Die 5S-Methode eignet sich für alle Aufräum-Gebiete, egal ob groß oder klein, privat oder beruflich. Und dabei ist sie so einleuchtend und praxisnah, dass Sie, sollten

Sie Kinder haben, diese Methode schon den Kleinsten beibringen können. Jeder Schritt steht für eine Aktion und beginnt, sowohl im Japanischen als auch im Deutschen, mit dem Buchstaben „S". Daher der Name „5S-Aktion". Wer sich genauer mit der Herkunft beschäftigen möchte, dem sei der ausführliche Wikipedia-Artikel dazu ans Herz gelegt.

Ihre erste Aufgabe lautet daher: definieren Sie den Bereich in Ihrem Leben, in dem Sie als aller Erstes gerne mehr Zeit hätten. Im Büro? Im Privatleben? Für die Kinder? Für Ihre Hobbies? Und je nachdem, für welchen Bereich Sie sich entscheiden wählen Sie die entsprechende Örtlichkeit dazu. Wenn Sie nicht mehr so viel Zeit in der Firma verbringen wollen nehmen Sie Ihren Schreibtisch oder Ihr Büro in Angriff. Wenn Sie mehr Zeit für Ihr Lieblingshobby, das Kochen, haben wollen dann wählen Sie Küche und Vorratskammer. Sie wollen mehr Zeit für Ihre Familie, arbeiten aber zu viel? Vielleicht wäre dann das Homeoffice ein guter Startpunkt. Sie können sich auch eine Liste machen, und die Stellen gedanklich sammeln, vielleicht sogar mit Ihrem Wunsch / Zweck. Dann können Sie diese natürlich nach und nach angehen.

Haben Sie sich für einen Ort, einen Platz, eine Stelle entschieden beginnen wir mit den 5 Schritten. Diese 5 Schritte können Sie wie bereits erwähnt für alle Gebiete verwenden. Wichtig ist nur, dass Sie die Reihenfolge einhalten, ansonsten verzetteln Sie sich und dann führt die ganze Aktion zu nichts und nur zu noch mehr Unordnung. Also schön immer einen Schritt der Reihe nach!

1. Schritt: SEIRI – Sortiere aus

Ganz am Anfang steht einer der zeitintensivsten Schritte: und zwar beginnen Sie mit einer eigentlich einfachen, aber zeitintensiven Tätigkeit: dem simplen Aussortieren. Denn Besitz, den Sie nicht brauchen belastet und nimmt Ihnen nicht nur die Luft zum Atmen, sondern auch Zeit, sich mit anderen Dingen zu beschäftigen. Konkret bedeutet dieser Schritt: Sie nehmen jedes Teil in die Hand, ausnahmslos jedes! Dann entscheiden Sie: benötige ich dieses Teil wirklich? Im privaten Umfeld können Sie sich auch gern die Frage stellen: Macht Sie dieses Ding glücklich?

Im Büro bedeutet das: alle Zeitschriften, Papiere, Unterlagen, die herum liegen werden einzeln durchgeschaut und geprüft, ob Sie diese tatsächlich für Ihre Arbeit hier in diesem Büro benötigen. Auch Büromaterialien finden sich gern auf Schreibtischen und in Schubladen, die eigentlich im Lagerraum oder woanders ihren Platz haben, aber nicht auf dem Schreibtisch oder in Ihrem Büro. Sortieren Sie rigoros alles aus, was nicht in Ihr Büro oder an Ihren Arbeitsplatz gehört.

In privaten Räumen stellen Sie sich die „Glücklich"-Frage. Beliebte Anwendungsgebiete sind hier Kleiderschrank, Küche, Garage und Werkstatt, Hobbyräume. Ob Pullover, Schraubenzieher, Küchengerät oder Brettspiel: wenn Sie das einzelne Teil in der Hand halten und sich fragen, ob Sie dieser Gegenstand wirklich glücklich macht, ob Ihr Herz sich wirklich daran erfreut, dass Sie dieses Ding besitzen, dann wissen Sie, ob Sie es zu behalten haben oder nicht. Der kratzende Pullover von Hugo Boss macht Sie nicht glücklich, ebenso wenig wie der Schraubenzieher mit dem klebrigen Gummigriff oder der Edelstahlpfannenwender von WMF, der Ihre beschichteten Pfannen zerkratzt. Auch geerbte Gegenstände oder Geschenke können Sie auf diese Weise getrost aussortieren, denn diese Dinge nehmen Ihnen Zeit und Lebensfreude.

Psychologisch gesehen ist das Aussortieren so wichtig, weil Sie in einem Haus mit einem zugestellten Keller kein stabiles Fundament mehr besitzen, Sie können buchstäblich nicht mehr zur Ruhe kommen. Ein zugestellter Dachboden wiederum hindert Sie, über sich selbst hinauszuwachsen, er begrenzt Ihre

Lebensqualität nach oben. Auf Büros trifft in gewisser Weise dasselbe zu – an einem chaotischen Schreibtisch herrscht kein Genie und kein Kreativling (Ausnahmen gibt es immer), sondern eher ein Mensch, der sich Dank Prokrastination (auch als Aufschieberitis bekannt) selbst die Zeit nimmt, Aufgaben und Projekte zeitnah zu erledigen.

Die Gegenstände und Materialien, die Sie behalten wollen können Sie vorerst unsortiert dort belassen, wo sie sich in dem Moment befinden oder einfach an die Seite räumen. Wir kümmern uns zu einem späteren Zeitpunkt explizit darum. Jetzt liegt das Augenmerk darauf, herauszufinden, was Sie wirklich benötigen.

Diesen Schritt sollten Sie, wenn möglich, nicht aufteilen, sondern mit einem Mal erledigen. Dies ist so wichtig, weil die Hürde, damit zu beginnen jedes Mal wieder von Neuem genommen werden muss. Es wird nicht einfacher oder leichter gehen, wenn Sie drei, vier, fünf Mal mit dem Aussortieren beginnen müssen. Reservieren Sie sich einen oder zwei Tage, manchmal reichen auch wenige Stunden aus, um sich ganz dieser Aufgabe des Aussortierens zu widmen. Bleiben Sie dabei, hören Sie Ihre Lieblingsmusik, planen Sie ausreichend Pausen ein und lassen Sie sich nicht ablenken.

Wenn Sie meinen, fertig zu sein werfen Sie nochmals einen groben Blick auf die Sachen, die Sie als aufbewahrungswürdig deklariert haben. Manchmal findet sich ganz am Schluss dort der ein oder andere Gegenstand, den Sie doch nicht benötigen.

Zu guter Letzt versorgen Sie die aussortierten Dinge. Bringen Sie sie dorthin, wo sie wirklich hingehören. Sachen, die das Haus verlassen sollen können verkauft, verschenkt oder entsorgt werden. Sachen die bleiben, müssen nur in die entsprechenden Zimmer zurück geräumt werden.

Wenn Sie diesen Schritt erfolgreich erledigt haben sind Sie ein großes Stück weiter und können mit dem nächsten Schritt beginnen:

2. Schritt: SEITON – Stelle ordentlich hin und

3. Schritt: SEISO – Säubere

Die nächsten zwei Schritte fasse ich bewusst zusammen, weil es durchaus Sinn machen kann, an manchen Stellen erst den 3. Schritt auszuführen.

Sie haben nun vor sich nur noch Sachen, die Sie zwingend behalten wollen und mit denen Sie sich auch wohl fühlen. Im Büro sind es die aktuellen Arbeitsunterlagen und Büromaterialien, im privaten Umfeld vielleicht die Kleidung, die Sie gerne tragen und die Hobbys, die Sie auch wirklich pflegen und an denen Sie Spaß haben.

Bereits meine Oma hat schon immer gesagt: „Jedes Ding hat seinen Platz!". Definieren Sie jetzt die Plätze für diese Dinge und stellen Sie die Sachen dort hin. Suchen Sie sich Orte aus, die bleibend sind und erstellen Sie auf keinen Fall Provisorien. „Ich lege das mal kurz hier ab, damit ich es später..." ist Tabu! Und wenn Sie schon dabei sind putzen und pflegen Sie die Regale, Schränke, Schreibtische in diesem Moment. Bevor Sie etwas auf den Schreibtisch zurückstellen wischen Sie die Oberfläche sauber. Leeren Sie den Mülleimer. Wischen Sie die Böden Ihres Bücherregals, Kleiderschranks, Küchenschranks...

Dieser Schritt ist der Grundbaustein für eine nachhaltige Ordnung und somit Zeitersparnis. Überlegen Sie daher gut, wo jedes Ding seinen Platz hat. Beobachten Sie zwei bis drei Wochen Ihre definierten Stellen und justieren Sie gegebenenfalls nochmals nach. Am Ende sollte der Ort, den Sie eingangs gewählt haben aufgeräumt sein.

Ein Extra-Tipp zu herumliegenden oder -klebenden Notizzetteln: verzichten Sie in Zukunft auf zahllose Post It's und verwenden Sie ein Notizbuch, in dem Sie die gesammelten Notizen aufschreiben. Sie können diesem Buch gern den Titel „Notizen" geben und täglich eine eigene Seite beginnen. Ich schreibe neben die Notizen, die eher Aufgaben sind und ich dringend erledigen muss grundsätzlich noch einen Haken: ✓ Auf diese Weise sehe ich auf einen Blick die Aufgaben, die ich noch dringend zu erledigen habe. Die Übersichtlichkeit, die Sie dadurch gewinnen spart Ihnen wiederum viel Zeit!

Ebenfalls hilfreich kann sein, wenn Sie sich einmal vorstellen, Sie kämen als Besucher in Ihr Büro. Versuchen Sie, sich auszumalen, wie Sie Ihr Büro empfinden würden? Was würden Sie denken, wenn Sie diesen Raum das erste Mal betreten würden? Auf diese Weise ist es Ihnen möglich zu erkennen, ob vielleicht noch Dinge herumstehen, die keinen festen Platz gefunden haben.

Damit die Ordnung aber nun tatsächlich nachhaltig bleibt wenden wir uns dem vorletzten Schritt zu:

4. Schritt: SEIKETSU – Standardisiere

Jetzt geht es um das eigentliche Ziel, Zeit zu gewinnen. Ab sofort und in Zukunft. Im vorherigen Schritt haben Sie einen Platz für jeden Gegenstand definiert. Nun müssen Sie versichern, dass dies auch so bleibt. Denn wenn Sie sich an diese Grundordnung halten und gewöhnt haben werden Sie den Suchaufwand auf ein Minimum reduzieren, sofern Sie überhaupt noch nach etwas suchen müssen.

Dazu gehen Sie wie folgt vor:

Wann immer möglich beschriften Sie die Schränke, Schubladen, Behälter mit Etiketten oder einfachen Beschriftungen. Etiketten sehen ein wenig ordentlicher aus und können ausgedruckt auch von allen gelesen werden als unleserliche Handschriften. Sie können ausrangierte Schuhkartons für die Aufbewahrung verwenden oder sich mit neuen Behältern, am besten durchsichtigen, eindecken. Besonders übersichtlich wird es natürlich, wenn diese Behältnisse alle von derselben Art sind. Auch Dinge wie Möbel, Stühle, Mülleimer, Taschen, sollten ihren festen Stellplatz bekommen. Die Beschriftungen sollten möglichst klar und spezifisch sein. Ordner oder Mappen mit den Bezeichnungen „zu erledigen", „dringend", „Ablage" oder gar „Sonstiges" sind zu vermeiden. Hier sammeln sich in allen Ordnern dieselben Unterlagen. Allerdings ist dies sehr persönlich – ich für meinen Teil habe tatsächlich die Register „zu scannen" und „ablegen" in meiner Tagesmappe und ich weiß auch, dass die Scan-Dokumente durchaus auch einmal zwei Wochen dort liegen können. Weil sie aber auch nicht dringend sind.

Nach dem Beschriften erfolgt das Entwickeln von Routinen und das Überprüfen der bisherigen Prozesse. Die Eingangspost ist ein Beispiel dafür. Sowohl im Büro als auch privat: fragen Sie sich, wie Sie bisher mit der Eingangspost verfahren sind. Haben Sie die Briefe irgendwohin gelegt, um sie später zu bearbeiten? Gibt es Tage, an denen Sie überhaupt nicht in den Briefkasten schauen? Was haben Sie anschließend mit der Post gemacht? Vorsortiert, gleich bearbeitet, ungeöffnet tagelang auf einen „zu bearbeiten"-Stapel gelegt? Setzen Sie hier an und ändern Sie den Ablauf: holen Sie täglich die neue Post aus dem Briefkasten und öffnen Sie diese am besten sofort. Dann sehen Sie auf einen Blick, was möglicherweise als Werbung gleich in den Mülleimer geworfen werden kann. Die wichtigen Briefe, zu zahlende Rechnungen oder zu erledigende Schriftstücke legen Sie auf ihren Platz (den Sie oben vorher ganz klar definiert haben). Setzen Sie sich ein Zeitlimit, bis wann diese Aufgaben erledigt sein müssen.

Oder nehmen wir das simple Beispiel des Nach Hause-Kommens, Sie können sich auch gerne vorstellen, Sie kommen gerade am Arbeitsplatz an. Was tun Sie bisher? Die Jacke über einen Stuhl werfen, die Tasche irgendwohin stellen, wo gerade Platz ist? Den Haus- oder Autoschlüssel auf den Schreibtisch legen oder eine andere freie Oberfläche in der Nähe? Vielleicht auch in der Jackentasche vergessen…

Definieren Sie oben festgelegte Plätze für Handtasche, Jacke, Schuhe, Schlüssel, Geldbeutel, Smartphone und räumen Sie diese Dinge nach Betreten von Wohnung oder Büro sofort dorthin. Es kostet Sie vielleicht ein, zwei Minuten, wenn überhaupt. Die Zeit, die Sie aber früher damit verbracht haben, Schlüssel, Brille oder Smartphone zu suchen war deutlich länger. Mit einer einfachen Umstellung dieser Routine sparen Sie sich ganz automatisch und dauerhaft diese Zeit ein!

Wichtig ist nun, dass Sie sich auch daran halten und jedes Mal, wenn Sie einen Gegenstand von seinem festgelegten Platz entnommen haben diesen auch anschließend wieder zurücklegen. Am besten sofort nach Erledigung der entsprechenden Aufgabe. Bewährt hat sich außerdem die Angewohnheit, nach Arbeitsende im Büro oder am Tagesende zu Hause noch 15 Minuten dem Zurückräumen der noch herumliegenden Sachen zu widmen.

Jeden Tag 15 Minuten aufzuräumen ist machbar. Wenn Sie darauf verzichten und alles an einem Tag erledigen wollen haben Sie hier bereits einen Zeitblock von mindestens 1,5 Stunden pro Woche aufgebaut. Und dieser ist wesentlich schlechter zur organisieren.

Womit wir nun zum fünften Schritt der 5S-Aktion gelangen:

5. Schritt: SHITSUKE – Selbstdisziplin

Nachdem der erste Schritt der bisher deutlich anstrengendste Punkt gewesen sein wird (das Aussortieren überflüssiger Dinge) erwartet Sie nun eine etwas unangenehmere Wahrheit, der wir alle früher oder später ins Gesicht schauen müssen: ohne Selbstdisziplin sind die ersten vier Schritte vergebene Liebesmüh.

Ob Ernährungsumstellung, Sporttraining oder Entwöhnung von Lastern: ohne Selbstdisziplin hilft der beste Trainer nichts. Bei der Ordnung ist es nicht anders: Sie können aussortieren, beschriften, sich Routinen ausdenken – wenn Sie sich anschließend nicht daran halten.

Für eine nachhaltig andauernde Ordnung ist es aber umso wichtiger, dass die Standards, die Sie im 4. Schritt gesetzt haben auch realistisch und umsetzbar sind. Unter dem Aspekt der „ständigen Verbesserung" dürfen und sollen Sie Ihre ersten Ideen durchaus weiterentwickeln und beobachten. Denn nur dann fällt es Ihnen dauerhaft leicht, für Ordnung zu sorgen und nur dann werden Sie die Zeitersparnis in Ihrem Leben spürbar machen.

Selbstdisziplin erlernen Sie am besten mit Routinen. Da dies so wichtig ist habe ich diesem Thema ein eigenes Kapitel gewidmet, was direkt an dieses anschließt. Dauerhafte Ordnung, die Selbstdisziplin und funktionierende Routinen und Rituale sind ein magisches Dreigespann, mit dem Sie tatsächlich wahre Wunder vollbringen können. Doch dazu später mehr.

Der Kreislauf beginnt von vorn

Zu Beginn der 5S-Aktion hatten Sie sich eine ganz bestimmte Stelle ausgewählt, an der Sie für Ordnung sorgen wollten. Sie sind in der Lage, an dieser Stelle mehr Zeit zu gewinnen, da alle Dinge ihren Platz haben und Sie nie wieder nach etwas suchen müssen. Sie haben sich daran gewöhnt, alle benutzten Sachen wieder zurück an die ihnen zugedachten Plätze zu räumen und haben den Kopf frei bekommen, da Sie sich nicht mehr um das Thema Aufräumen kümmern müssen, es geht wie von selbst von der Hand.

Lassen Sie ein wenig Zeit vergehen und genießen Sie die neu gewonnene Freiheit. Denn bald ist der Zeitpunkt gekommen, an dem Sie eine weitere Stelle in Angriff nehmen können. Gehen Sie wieder wie beim ersten Mal einfach genau nach den 5 Schritten vor. Beginnen Sie mit dem Aussortieren der Dinge, stellen Sie diese sauber und gegebenenfalls repariert an fest definierte Orte. Bestimmen Sie Standards und entwickeln Sie Routinen, die Sie diese Standards auch einhalten lassen. Trainieren Sie Ihre Selbstdisziplin.

Dieser gesamte Prozess kann viele Monate dauern. Die Zeit, die Ihnen damit allerdings geschenkt wird wird Jahre betragen. Ganz zu schweigen von den Nerven, die Sie sich sparen! Nie wieder jemandem hinterherräumen! Diese Methode kann sowohl Mitarbeitern in Unternehmen, als auch Familienmitgliedern im eigenen Haushalt sehr einfach vermittelt werden. Der Einsatz lohnt sich definitiv!

Clean Desk-Policy: der leere Schreibtisch

Je nachdem, in welchem Bereich Sie soeben Ordnung gemacht haben schließt sich nahtlos der Punkt der sogenannten Clean Desk-Policy an. Die Clean Desk-Policy legt Wert darauf, dass Ihr

Schreibtisch stets aufgeräumt und leer ist, damit Sie sich konzentrieren und effizient arbeiten können.

Im Grunde besagt diese Technik lediglich, dass sich auf Ihrer Schreibtischoberfläche wirklich nur die Dinge befinden sollten, die für Ihr tägliches Arbeiten wichtig sind. Dazu gehören Bildschirm, Tastatur, Maus und ein Stifteständer. Als Stifteständer kann Ihnen im besten Fall eine ausrangierte Lieblingstasse dienen oder ein anderes Gefäß in der Größe eines Bechers. Mehr benötigen Sie kaum! Möglicherweise einen Notizzettelblock. Das hängt alles ein wenig von Ihrer Arbeit ab.

Postfächer, Ablagemappen, Büromaterialien wie Klebestifte, Tacker, Locher haben auf der Schreibtischoberfläche nichts zu suchen. Diese gehören in die Schublade!

Nach Arbeitsende räumen Sie alle Unterlagen, an denen Sie gearbeitet haben auf und legen diese am besten ebenfalls in eine dafür vorgesehen Schublade oder in ein Regalfach. Der Schreibtisch sollte, wenn Sie das Büro verlassen, leergeräumt sein. Im Homeoffice ist dies besonders wichtig, da sich der Schreibtisch hier oft in einem Zimmer der Wohnung befindet, dass eigentlich einem anderen Zweck dient (Schlaf- oder Wohnzimmer). Außerdem müssen Sie sich im Homeoffice den Schreibtisch oft mit anderen Mitbewohnern teilen und diese sind wesentlich entspannter, wenn sie nicht jedes Mal Ihre Arbeitsmaterialien beiseite räumen müssen.

„Ja, aber ich brauche ein bisschen Chaos, um kreativ zu sein!" mag der ein oder andere jetzt entgegnen. Dem ist nichts entgegen zu setzen, im Gegenteil: um kreative Gedanken zu bekommen müssen wir unser Gehirn am besten mit vielen verschiedenen Eindrücken beschäftigen! Doch wie gelingt das, wenn der Schreibtisch leer ist und uns eine große leere Fläche anstarrt? Für diese kreativen Momente lautet die Lösung: reservieren Sie eine Schublade oder einen Korb im Regal für kreative Dinge.

Postkarten, Fotos, Buttons, Sticker, Sprüche, Souvenirs aus dem Urlaub und vieles mehr. Lagern Sie dort all diese bunten Dinge, Sie müssen diese auch nicht ordnen! Und dann genügt manchmal bereits der Blick in diese Schublade, um Ihr Gehirn zu neuen Denkanstößen zu bewegen. Alternativ können Sie auch den Inhalt der Schublade oder des Korbes auf dem Schreibtisch ausleeren! Wenn es darum geht kreativ zu werden ist dem nichts entgegen zu setzen! Achten Sie lediglich darauf, dass Sie die Dinge nach der „kreativen Arbeit" wieder zurück räumen. Denn um jetzt strukturiert zu arbeiten und die kreativen Gedanken zu Papier zu bringen oder umzusetzen benötigen Sie wieder den „schlanken", klar aufgeräumten Schreibtisch.

Digitale Ordnung

Es ist kein Geheimnis mehr, dass die digitalen Medien wahre Zeitfresser sind. Die Menschen verbringen Stunden täglich vor Smartphones, Tablets, Computern und Fernsehern um zu arbeiten und sich die wertvolle Freizeit zu vertreiben.

Ordnung ist hier besonders wichtig! Denn kaum einer kann erahnen, wie viele Fotos er auf seinen Medien gespeichert hat, wie viele Dateien sinnlosen Speicherplatz belegen und wie viele ungenutzte Apps das eigene Smartphone verlangsamen.

Dokumentenmanagement

Sowohl für Unternehmen, als auch für den privaten Bereich ist hier dringend die Einrichtung eines sogenannten Dokumentenmanagementsystems zu empfehlen. Ein solches System erleichtert Ihnen die Arbeit mit papier- und elektronischen Unterlagen ungemein. Noch dazu sparen Sie sich nicht nur Platz bei der Ablage (auch Privatpersonen müssen manche Belege 10 Jahre aufbewahren!), Sie sparen sich auch hier wieder sehr viel Zeit beim Suchen. Ob Unterlagen für die jährliche Steuererklärung oder alte Zeugnisse, Briefe, Mitgliedsschreiben, wichtige Dokumente der Kinder für Schule und Universität. Mit einem guten System können Sie hier viele Tage Zeit in Ihrem Leben gewinnen! Auch E-Mails können hier gespeichert und archiviert werden, so dass Sie sich hierüber keine Gedanken mehr machen müssen, wann und wo diese gesichert werden.

Ich persönlich archiviere tatsächlich auch im privaten Bereich alle Papierbelege in einem elektronischen Dokumentenmanagementsystem. Egal ob Arztrechnungen oder die Schul-Unterlagen der Kinder. Ich scanne alle Papierbelege ein und habe, wann immer möglich, den Posteingang auf den digitalen Versand umgestellt. Telefonrechnungen zum Beispiel erhalte ich ohnehin nur noch auf dem digitalen Wege. So spare ich mir bereits an dieser Stelle Zeit, da ich diese nicht erst digitalisieren muss. Wichtige Dokumente, wie zum Beispiel Arztrechnungen, bewahre ich anschließend noch in einem Papierordner auf. Am Anfang eines jeden neuen Jahres muss ich dann nur noch die wenigen Belege des vergangenen Jahres überprüfen, ob sie vielleicht für die Steuererklärung relevant sind oder beispielsweise bei der Krankenkasse eingereicht werden müssen. Alle Dokumente, die ich nicht versenden muss kann ich dankbar in den Aktenvernichter schieben. Und da mein Steuerberater (und das Finanzamt) ohnehin nur noch digitale Belege akzeptiert habe ich hier keinen extra-Aufwand, um die Dokumente zu digitalisieren, da diese – wie oben erwähnt – meist bereits auf digitalem Wege zu mir gesendet wurden. Wie praktisch und zeitsparend!

In Büros und Unternehmen ist das Thema Dokumentenmanagement noch viel dringlicher. Wenn ich allein daran denke, wieviel Zeit ein Handwerksbetrieb einspart, indem die Eingangsrechnungsprüfung digitalisiert stattfindet und nicht mehr per Hand. Oder die Ausgangsrechnungen nicht mehr in 4-facher Kopie in Papierordnern gelagert werden müssen. Am Rande erwähnt seien hier die gesetzlichen Verpflichtungen zur Aufbewahrung digitaler Unterlagen, Stichworte sind die GoBD und die DSGVO.

Ich kann an dieser Stelle sowohl für den privaten, als auch für den geschäftlichen Bereich die Software ELO empfehlen, den Elektronischen Leitz Ordner der Firma ELO Digital Office GmbH. Als im Jahre 1997 Eberhard Leitz überzeugt war, dass der Leitz-Ordner - eine der größten Erfindungen der Moderne - auch digitalisiert werden muss erfand er kurzerhand den „Elektronischen Leitz Ordner". Seitdem haben wir die Möglichkeit, Dokumente und Belege jeglicher Art in digitaler Form komfortabel zu speichern und sie trotzdem, ganz wie beim „alten" Leitz-Ordner zu bekleben, tackern, entklammern, stempeln und vieles mehr. Wenn Sie mehr darüber wissen wollen werden Sie auf der Website des Unternehmens www.elo.com fündig. Hier bekommen Sie auch einen Überblick über die Partnerunternehmen, so dass Sie weltweit immer den perfekten Ansprechpartner für sich finden.

Smartphone- und Computer-Apps

Die schier gare Flut von ungenutzten Apps auf den Smartphones verschlingt Platz, Ressourcen und Geld. Und mit jedem neuen Smartphone werden Dank komfortabler Datenübertragung alle Apps und Inhalte auf das neue Gerät übertragen, so dass der ganze Müll und Ballast fleißig von Smartphone-Generation zu Generation weitergegeben wird. Bis wir feststellen, dass das neue Smartphone wieder langsamer wird, neue Zusatzspeicherkarten benötigt werden oder der Cloud-Speicher nicht mehr ausreicht.

Auch hier lohnt sich Ausmisten ganz gewaltig!

Nehmen Sie sich die Zeit und durchforsten Sie Ihr Smartphone nach ungenutzten Apps. Der Stadtplan aus dem letzten Paris Urlaub? Die Nahverkehrsapp aus Rom? Das Premiumabonnement eines Spieles, das Sie seit 3 Jahren nicht mehr verwendet haben? Sie werden sehen, wenn Sie hier konsequent vorgehen und alle Apps deinstallieren, die Sie nicht mehr benötigen werden Sie allein dadurch Zeit sparen, dass Sie nicht mehr zehn verschiedene Seiten durchblättern müssen oder Ordner durchforsten, wenn Sie auf der Suche nach einer bestimmten App sind.

Prüfen Sie außerdem, welche Anbieter Sie nutzen und ob Sie diese kombinieren können. Bei der digitalen Ordnung macht es Sinn, sich auf einen Anbieter zu fokussieren. Beispielhaft und nicht wertend heraus gegriffen könnten Sie sich zum Beispiel die Frage stellen, ob Sie das Microsoft Office 365-Paket nutzen wollen oder lieber die Google Suite. Beide Anbieter bieten Ihnen Anwendungen zur Dokumentenbearbeitung an (Textbearbeitung, Tabellenkalkulation, Präsentationserstellung, E-Mail-Programme, etc.). Beide Anbieter stellen einen integrierten Kalender zur Verfügung und arbeiten mit verschiedenen Online-Meeting-Anbietern. Google ist dabei komplett internetbasiert aufgestellt, Sie benötigen ein Google-Konto. Bei Microsoft ist das Pendant ein eigenes Mikrosoft-Konto. Beide Anbieter haben somit den Charme, dass Sie mit einem einzigen Konto auf alle Funktionen zugreifen können. Hier können Sie sehr viel Zeit sparen! Alternativ dazu bieten sich für Apple-Nutzer ähnliche Funktionen. Hier muss ich allerdings passen, da ich selbst keine Apple-Produkte verwende. Aber auch da macht es Sinn, sich auf ein System zu fokussieren, weil man auf diese Weise auch das eigene Smarthome anbinden kann und vieles mehr.

Ich persönlich habe mich für die Google-Suite entschieden, da ich hier auch eine Zoom-Integration habe und mein Facebook-Profil mit dem Google-Kalender verknüpfen kann. Auf diese

Weise kann ich in meinem Kalender einen Termin erstellen und mit einem Klick aus einem Vor-Ort-Termin ein Online-Meeting inklusive aller Zugangsdaten anlegen. Oder bei einem Vor-Ort-Termin gleichzeitig den Standort in Google Maps speichern, welcher sich dann automatisch per Smartphone in meinem Auto anzeigen lässt.

Ein weiterer Nutzen ist so, dass ich keine neuen Extra-Apps benötige, da ich als Android-Nutzer die meisten Google-Funktionen bereits von Haus aus auf dem Smartphone habe. So kann ich Notizzettel, Einkaufslisten, meine Kontakte, den Kalender und viele weitere Apps übersichtlich gestalten und habe eine Benutzeroberfläche. Was wiederum Zeit spart, da ich mich nicht in tausend neue Apps einarbeiten muss.

Welchen Weg Sie auch wählen: fragen Sie sich bei jeder App, ob Sie diese wirklich benötigen und legen Sie einmal im Monat einen Aufräumtag fürs Handy ein. Entfernen Sie Apps, die Sie nicht mehr verwenden und löschen Sie unscharfe oder nicht aufbewahrungswürdige Bilder und Videos. Vergessen Sie dabei nicht die „Gesendet"-Ordner Ihrer Kommunikationsapps wie WhatsApp, Facebook, Messenger, etc. Hier versteckt sich oft ein riesen Datenvolumen!

Zero Inbox – oder wie Sie Ihre E-Mails organisieren

Ein besonderes Augenmerk möchte ich an dieser Stelle dem Thema E-Mails widmen. Posteingänge mit tausenden Nachrichten sind nicht effizient!

Dieses Dilemma können Sie relativ einfach lösen: machen Sie sich ein einziges Mal die Überlegung und Mühe, welche Ordnerstruktur Sie in Ihrem E-Mail-Programm anlegen könnten. Meistens ähneln diese Strukturen bereits bewährten Strukturen auf Ihrem PC oder Netzlaufwerk. Legen Sie auch für Newsletter eigene Ordner an, für Kunden, Lieferanten, Projekte, Partner, Private Themen. Arbeiten Sie gerne mit Unterordnern, vermeiden Sie aber, mehr als zwei Ebenen zu erstellen, sonst wird es unübersichtlich.

Anschließend nutzen Sie die „Regeln"-Funktion Ihres E-Mail-Programms und erstellen die entsprechenden Regeln für die Ablage. So können Sie zum Beispiel Newsletter sofort in einen entsprechenden Ordner verschieben lassen. Bedenken Sie bei Newslettern, dass Sie diese auch durchaus abbestellen können! Machen Sie sich ein Mal die Mühe und bestellen Sie alle Newsletter ab, die Sie definitiv nicht lesen! Ein weiterer Praxistipp: Wenn Sie mehrere E-Mail-Konten mit einem E-Mail-Programm abrufen erstellen Sie trotzdem nur EINE Ordnerstruktur unter Ihrer „Haupt-E-Mail-Adresse". Meistens ist es eher irrelevant, an welche Ihrer Adressen die Nachricht gesendet wurde. Wichtig ist nur, dass Sie im richtigen Ordner landet.

Und dann nutzen Sie den Posteingang wie eine Aufgabenliste. E-Mails, die auf eine Antwort warten belassen Sie so lange im Posteingang, bis Sie diese beantwortet haben. Anschließend verschieben Sie diese aber sofort in den dazugehörigen passenden Ordner. Auf diese Weise werden Sie im Posteingang zukünftig nur noch E-Mails finden, die auf akute Bearbeitung warten und Sie können sich das Ausfüllen einer extra Aufgabenliste sparen! Am Ende Ihres Arbeitstages sollte der Posteingang leer sein. Oder zumindest fast leer.

Diese Aufgaben-Regel gilt auch für E-Mails mit Anhängen, die Sie möglicherweise archivieren wollen, zum Beispiel Eingangsrechnungen. Speichern Sie die Rechnung auf Ihrem PC, besser noch: in Ihrem Dokumentenmanagementsystem (für Unternehmer außer Frage, da Sie ohnehin laut den Grundsätzen ordnungsgemäßer Buchführung verpflichtet sind das zu tun). Anschließend verschieben Sie die E-Mail in den entsprechenden

Ordner und Sie müssen sich nicht mehr um die fachgerechte Archivierung kümmern. Wichtig ist, dass der Anhang gespeichert ist! An dieser Stelle möchte ich anmerken, dass hier ein eigenes Kapitel möglich wäre, was die gesetzlichen Anforderungen betrifft, daher befassen Sie sich damit bitte Ihrem Unternehmen oder Privathaushalt entsprechend. Fragen Sie Ihren Steuerberater oder suchen Sie sich die Informationen aus dem Internet. Suchanfragen, welche Unterlagen aufbewahrungspflichtig sind lassen Sie schnell fündig werden.

Fazit zur Ordnung

Ordnung und Sauberkeit, klare Strukturen und Routinen geben und Halt und Sicherheit. Sie lassen uns klar denken und viel Zeit sparen. Wenn wir in einem ordentlichen Zuhause oder Büro leben und arbeiten müssen wir keine Zeit mehr für das Suchen nach Dingen verschwenden. Standards helfen uns dabei, die Ordnung dauerhaft einzuhalten, ebenso wie Routinen.

Gerne zitiert wird an dieser Stelle Albert Einstein, der gesagt haben soll: „Nichts kann entstehen ohne Chaos!". Was kaum einer zitiert ist der Satz, den er davor gesagt hat: „Nichts kann existieren ohne Ordnung.". Deshalb denken Sie an die „Kreativschublade" in Ihrem Schreibtisch, damit wundervolle Dinge entstehen können – und behalten Sie die Ordnung auf dem Schreibtisch, damit die neuen Ideen auch eine Chance haben zu existieren und umgesetzt zu werden.

Routinen und Rituale

Neben der Ordnung sind Routinen und Rituale existentiell wichtig, wenn Sie mehr Zeit im Leben haben wollen. Weil uns diese wie bereits erwähnt, Struktur, Halt und Sicherheit geben. Außerdem helfen Sie uns, unsere Ziele auch wirklich zu erreichen und beenden die neuen Volkskrankheiten Aufschieberitis, modern gern als Prokrastination bezeichnet, und Entscheidungsschwäche.

Kritiker betonen gerne, dass uns Routinen – genauso wie die Ordnung – den Spaß am Leben nehmen. Dass die Spontanität fehle. Dass der Hang zum Perfektionismus damit nur geschürt werde. Das ist an dieser Stelle keineswegs gemeint. Seien Sie mit wachem Verstand dabei und orientieren Sie sich bei der Entwicklung von eigenen Routinen außerdem an Ihren Werten aus dem ersten Kapitel. Sie sollten nämlich nicht nur dazu dienen, Ihnen mehr Zeit zu verschaffen und Ihr Leben zu entschleunigen – sondern auch, Ihre Werte zu leben und Glaubenssätze zum Positiven zu verändern.

Ein wunderbares Beispiel, an dem Sie erkennen können, wie wichtig Routinen sind ist das Arbeiten im Home-Office. Viele Arbeitnehmer nutzen die Gelegenheit, von zu Hause aus arbeiten zu können. Statt jedoch tatsächlich, wie so oft propagiert, effizienter zu arbeiten sind die Menschen im dauerhaften Home-Office selbst unzufriedener, leiden unter stärkerem Stress und arbeiten länger. Nicht effizienter. Denn im Home-Office fehlt der Kontakt zu den Kollegen und Vorgesetzten. Paradoxerweise beklagen sich viele, dass Sie ständig in Meetings und Konferenzen zusammensitzen – virtuell. Auf der anderen Seite häufen sich aber Doppelarbeiten und unerledigte Arbeiten, da die Kommunikation zu schlecht ist und es vorkommt, dass mehrere Kollegen gleichzeitig ein und dieselbe Aufgabe bearbeiten. Die Kommunikation findet unregelmäßig und nicht routiniert statt und auch zu Hause haben die meisten keine konkreten Rituale, Arbeitszeiten, Abläufe. Was zusätzlich den Stress mit der Familie erhöht und so auf Dauer mehr Zeit kostet, als bringt.

Allgemein gilt zu sagen, dass das Annehmen und Einführen neuer Routinen statistisch gesehen durchschnittlich 66 Tage benötigt. Das heißt, wenn Sie eine neue Routine übernehmen möchten geben Sie nicht nach 14 Tagen auf, Sie müssen knappe zwei Monate mit der Routine arbeiten, bis sich Körper und Geist daran gewöhnt haben und aus der anfänglichen Hürde eine automatische Gewohnheit geworden ist. Das Schöne an Routinen ist ja, wenn sie uns weiterbringen sollen, dass sie sich irgendwann in Gewohnheiten ändern und wir uns nicht mehr daran erinnern müssen, sie zu befolgen oder zu erledigen, sondern dies völlig automatisch tun.

Wenn Sie beispielsweise planen, Ihre Ernährung umzustellen. Weniger Fleisch, mehr Gemüse, viel trinken. Sportler oder andere gesund lebende erfolgreiche Menschen müssen sich nicht täglich dazu zwingen, 3 Liter Wasser zu trinken. Sie tun dies einfach. Oder auf Chips zu verzichten. Sie essen einfach keine, ohne dass ihnen etwas fehlt. Wenn Sie zwei Monate lang jeden Tag darauf achten, alle 60 Minuten ein Glas Wasser zu trinken mag dies anfangs noch eine Überwindung sein und nur mit Wecker funktionieren, nach 66 Tagen jedoch werden Sie sich ganz automatisch die Wasserflasche morgens auf den Schreibtisch stellen und diese bis zum Mittag leer getrunken haben. Und dann haben Sie es geschafft, dann ist aus der Routine Gewohnheit geworden und es ist kein extra Aufwand mehr für Sie, es wird Ihnen nicht einmal mehr bewusst sein.

Besonders wichtig wird dies dann, wenn Sie keine Lust darauf haben. Wenn Sie sich zum Beispiel vorgenommen haben ein Buch zu schreiben, wie dieses hier. Oder eine wissenschaftliche Arbeit. Oder einen Projektbericht. Ohne Routine schreiben Sie, wenn Sie Zeit und Lust haben. Oder zumindest so halbwegs Lust. Wenn Sie aber an einem Freitagmorgen aufwachen und der Tag bereits mit Terminen verplant ist, das Wochenende schon an die Tür klopft und Sie eine anstrengende Woche hinter sich haben wird es relativ schwierig, sich noch zum Schreiben aufzuraffen. Sie verschieben die Aufgabe, dann holen Sie es eben nach. Und kommen so möglicherweise kurz vor der Abgabe in den Termindruck. Eine echte Schreibblockade dürfen Sie sich dann nicht mehr leisten. Oder eine simple Erkältung, die Sie aus der Bahn wirft.

Wenn Sie eine Routine haben schreiben Sie. Jeden Tag. Außer vielleicht sonntags. Aber Sie haben sich vorgenommen jeden Tag fünf Seiten zu schreiben. Oder zehn. Denn Sie haben ein Ziel und eine Deadline. Und dann schreiben Sie, egal ob Sie Lust haben oder nicht. Der schlimmste Fall, der dann auftreten kann ist, dass der Leser Ihre schlechte Laune spürt. Das erkennen Sie aber am nächsten Tag selbst, wenn Sie den Text lesen, den Sie am Tag davor verfasst haben. Und dann schreiben Sie ihn eben nochmals neu. Dann haben Sie aber keinen Tag verloren, denn Sie hatten ja ohnehin nicht vor, am Vortag etwas zu Papier zu bringen. Stimmts? Was aber, wenn der Text trotzdem gut geworden ist? Dann erreichen Sie Ihr Ziel in der vorgegebenen Zeit. Und zwar ohne Anstrengung, ohne Druck und ohne Stress. Ein Profisportler steht auch nicht morgens im Training und sagt: „Och, heute habe ich mal keine Lust, ich lasse es einfach bleiben.". Nein, er trainiert trotzdem. Und ist genau aus diesem Grund Profisportler. Weil ein Tag ohne Training im Profisport einiges kaputt machen kann. Und es bei uns Normalsterblichen meist nicht bei dem einen Tag bleibt. Dann schreiben Sie nämlich nicht nur am Freitag nicht, Sie verzichten dann am Samstag auch darauf. Ist ja Wochenende. Können Sie am Montag noch nachholen. Sonntag machen Sie ohnehin Pause. Und Zack – sitzen Sie am Montag vor einem zu schreibenden Bericht und es fehlen zwei ganzen Tage. Und der Montag will ja auch noch geschrieben werden. Heißt: an einem Tag die Arbeit von drei Tagen machen. Und dann wird es schon wieder schwierig.

Sie verstehen, worauf ich hinauswill: Routinen helfen uns, zielgerichteter durchs Leben zu gehen. Und Zeit zu sparen, sehr viel Zeit! Aber dazu müssen sich die Routinen zu Gewohnheiten etabliert haben, so dass Sie für uns keine Anstrengung, sondern Automation sind.

Eine kurze Übersicht

Doch welche Routinen und Rituale eignen sich, um dauerhaft mehr Zeit im Leben zu bekommen? Und lassen uns dabei nicht in Gefahr laufen, dem Alltag den Charme eines „Und täglich grüßt das Murmeltier"-Tages zu geben? Ob im Berufsleben oder im Privatleben: es werden Ihnen nun verschiedene Arten von Routinen vorgestellt. Alle der vorgestellten Routinen werden Ihnen ermöglichen, mehr Zeit zu haben und zwar täglich. Nun kann es auch sein, dass Sie vielleicht schon recht zufrieden mit Ihrem bisherigen Leben sind, oder dass Ihnen die Zeit vielleicht nur beruflich fehlt, aber nicht im Privaten. Sie konzentrieren sich natürlich auf die Routinen, die für Sie persönlich in Frage kommen. Aber vergessen Sie nicht: Ziele erreicht man nur, wenn man sich aus seiner Komfortzone begibt. Eine Routine von vornherein abzulehnen, weil man es sich nicht vorstellen kann ist nicht sinnvoll. Die Morgenroutine wird beispielsweise gern abgelehnt, da sich die wenigsten Menschen selbst als Frühaufsteher bezeichnen würden. Ist sie doch die wahrscheinlich effizienteste Routine, um Ihrem Tag ganz pragmatisch mehr Stunden zu schenken. Daher werden wir in der Vorstellung auch mit dieser starten.

Die Morgenroutine

Für viele Menschen ist der Start in den Tag gleichsam der erste Horror-Moment. Der Wecker klingelt und entweder Sie drücken den „Snooze"-Knopf oder Sie drehen sich noch einmal um. Am liebsten würden Sie sich die Decke über den Kopf ziehen und weiterschlafen. Bitte nicht aufstehen! Nicht jetzt! Dabei wissen Sie doch eigentlich, dass es nicht im Sinn des Lebens liegt sich schon morgens beim Aufstehen zu wünschen, es wäre schon wieder Abend.

Eine Morgenroutine wird Ihnen existentiell dabei helfen, den Tagen wieder mehr Leben und dem Leben mehr Zeit zu geben. Dabei ist es zunächst nicht zwingend erforderlich, ob Sie ein Frühaufsteher sind oder nicht.

Der Sinn der Morgenroutine besteht darin, den Tag in Ruhe zu starten und sich auf die kommenden Aufgaben zu fokussieren. Statt wie üblich mit dem Weckerklingeln aufzustehen und sich um Frühstück, Familie, Hund zu kümmern haben Sie nun erst einmal Zeit für sich. Ganz allein für sich. Meist ist es empfehlenswert sich circa eine Stunde zu gönnen. Und woher nehmen, wenn nicht stehlen? Es ist so simpel wie abschreckend: Sie stehen eine Stunde früher als gewohnt auf. Klingelte Ihr Wecker bisher um 6 Uhr werden Sie nun um 5 Uhr geweckt. Was für den ein oder anderen nach einem unmöglichen Vorhaben klingen mag ist für viele erfolgreiche Menschen bereits Realität: denn in dieser einen Stunde haben Sie Zeit für sich. Und davon haben wir ohnehin schon viel zu wenig.

Doch was machen Sie nun in dieser einen Stunde? Nur die Badezimmerzeremonie ausdehnen oder den bisherigen Morgenablauf nach vorn ziehen? Keineswegs! Eine gute Morgenroutine sollte folgende Elemente enthalten:
1. Achtsamkeitstraining
2. Journaling / Tagebuchschreiben
3. Sport / Bewegung
4. Weiterbildung
5. Die Arbeit an den Glaubenssätzen
6. Visualisierung

Die einzelnen Themen müssen nicht besonders lang sein, manchmal reichen fünf bis zehn Minuten völlig aus. Sie können **beispielsweise** die Zeiten so aufteilen:

1. Achtsamkeitstraining	5 Minuten
2. Journaling / Tagebuchschreiben	5 Minuten
3. Sport / Bewegung	25 Minuten
4. Weiterbildung	10 Minuten
5. Die Arbeit an den Glaubenssätzen	5 Minuten
6. Visualisierung	10 Minuten

Was genau bedeuten aber die einzelnen Themenkomplexe?

Unter Achtsamkeitstraining verstehe ich ein *zur Ruhe kommen*. Meditieren Sie. Machen Sie Atemübungen. Sind Sie ganz bei sich und genießen Sie die Stille. Für gewöhnlich schläft der Rest der Familie schließlich noch! Starten Sie mit der Achtsamkeitsübung dann beginnen Sie ab sofort jeden Tag nicht in Stress und Hetze, sondern in Ruhe und völlig entspannt.

Außerdem sollten Sie etwas Zeit finden, um ein Tagebuch oder Journal zu führen. Sie finden im Buchhandel zahlreiche Tipps und Vorlagen für Erfolgstagebücher, 6-Minuten-Tagebücher, Dankbarkeitstagebücher und viele mehr. Entscheiden Sie sich für eine Art des Tagebuchschreibens und nehmen Sie sich in dieser ruhigen Stimmung ein paar wenige Minuten, um Ihr Journal zu pflegen. Täglich. Da dieser Punkt besonders wichtig ist, widmen wir uns im Übrigen im nächsten Kapitel ausschließlich dem Schreiben.

Dass tägliche Bewegung für uns gut ist, wissen wir alle. Je nach Zeitaufwand – oder wie ihr sonstiger Tag aussieht (vielleicht sind Sie aktives Mitglied in einem Sportverein) – nehmen Sie sich in dieser einen Stunde Zeit, um etwas Gymnastik oder Yoga zu betreiben. Vielleicht möchten Sie auch eine kurze Runde Joggen gehen oder sich anderweitig bewegen. Dieser Punkt darf ruhig den größten Zeitanteil in Ihrer Morgenroutine erhalten.

Ebenfalls nicht fehlen sollte die persönliche Weiterbildung. Lesen Sie morgens ein paar Seiten aus einem Fachbuch, einem Buch für Persönlichkeitsentwicklung, über Ihr Lieblingshobby. Es sollte sich nicht um Romane oder einfache Geschichten handeln, sondern um ein Sachbuch, das Sie in Ihrer persönlichen Entwicklung weiterbringt. Diese Bücher lesen wir viel zu selten! Wir bestellen und kaufen Bücher zu verschiedenen Themen, die uns im Beruf oder privat voranbringen sollen und haben doch nie Zeit dazu, uns wirklich damit zu beschäftigen. Wenn Sie jeden Morgen nur zehn Minuten in solch einem Buch lesen werden Sie überrascht sein, wie viele Bücher Sie in Zukunft lesen werden!

Außerdem haben Sie nun ein paar Minuten, um an einem oder mehreren Ihrer Glaubenssätze zu feilen. Nicht ohne Grund werden Top-Manager von Motivationstrainern darauf eingeschworen, sich morgens mit positiven Sprüchen selbst im Spiegel zu begegnen. Denken Sie an das vorhergehende Kapitel! Hier finden Sie den Zeitpunkt, an welchem Sie genau an diesen ausgearbeiteten Glaubenssätzen arbeiten können! Erarbeiten Sie sich sogenannte Affirmationen, also positive Glaubenssätze, die Sie weiterbringen. Lesen Sie sich jeden Morgen diese Affirmationen vor, besser noch: lernen Sie sie auswendig und sprechen Sie diese zu sich selbst.

Und genauso wichtig wie die bisherigen Punkte ist das Visualisieren. Wenn Sie ein Ziel vor Augen haben, sei es privat oder beruflich, stellen Sie sich vor, wie es sein wird, wenn Sie dieses Ziel erreicht haben. Versuchen Sie täglich ein detailliertes Bild vor Augen zu haben. Und dann spüren Sie in sich hinein: wie fühlt sich der Moment an? Was hat sich geändert im Vergleich zu jetzt? Das Wichtige dabei ist, dass Sie viel deutlicher erkennen werden, was Sie tun mussten, um dorthin zu gelangen. Sie gehen dann sozusagen die Reise rückwärts. Ich versuche dies anhand eines Beispiels zu verdeutlichen: Sie möchten in fünfzehn Jahren in einem Haus in der Provence Ihren Ruhestand

beginnen. Und nun stellen Sie sich in allen Einzelheiten vor, wie das sein wird. Wie Sie durch die bergige Landschaft der Provenceausläufer fahren, Ihre Einfahrt erreichen, das Auto abstellen und Ihr Haus betreten. Es duftet nach Lavendel, im Garten stehen prächtige Palmen, dazwischen ein paar wenige Olivenbäume. Sie haben Gäste eingeladen, der Tisch auf der Terrasse ist bereits mit frischem Kaffee und Croissants gedeckt. Als Ihre Gäste mit Ihnen am Tisch sitzen werden Sie gelobt ob des wunderschönen Domizils und Sie fühlen sich wohl. Und Sie erzählen, dass Sie Glück hatten, als Sie damals, in einem Urlaub sieben Jahre vorher dieses Häuschen gefunden hatten. Und wie Sie mit der Finanzierung gerechnet haben. Die Sie dann glücklicherweise stemmen konnten, weil Sie damals in Ihrem Job ein besonders interessantes Projekt übertragen bekommen hatten. Weil Sie wieder fünf Jahre zuvor das Projekt, an dem Sie jetzt gerade arbeiten erfolgreich abschließen konnten. Weil Sie ...
Auf einmal wissen Sie, was Sie *jetzt* tun müssen, um sich diesen Traum in fünfzehn Jahren erfüllen zu können.

Die Macht der Visualisierung wird immer noch von den meisten unterschätzt. Wenn Sie diesen Teil aber in Ihre Morgenroutine einbauen werden Sie Ihre Ziele definitiv schneller und effiziente erreichen.

Zusammengefasst bedeutet dies: dass Sie auf einmal an jedem Tag Zeit für diese Dinge haben, die Sie vorher nie hatten. Ein Buch lesen, täglich Sport machen, sich auf die Wünsche und Träume zu fokussieren!

Ich möchte Ihnen auch kein X für ein U vormachen: Wenn Sie eine solche Routine beginnen werden Sie sicherlich abends bemerken, dass Sie auch eine Stunde früher müde werden. Die ersten Wochen oder Monate. Das ist aber nicht weiter dramatisch, wenn Sie bedenken, dass Sie höchstwahrscheinlich auf die letzte Stunde Ihrer bisherigen Tage verzichten können. Nach einigen Wochen beginnt Ihr Körper aber, sich an die neuen

Zeiten zu gewöhnen und irgendwann ist es für Sie kein Hindernis oder Aufwand, früher als üblich aufzustehen, sondern es wird zur Normalität. Denken Sie immer an die 66 Tage, die wir benötigen, um uns an neue Gewohnheiten zu gewöhnen. Vielleicht möchten Sie auch ganz andere Elemente in Ihre Routine aufnehmen, die oben genannten sind lediglich bewährte Beispiele.

Wenn Sie mit einer neuen Morgenroutine starten nehmen Sie sich ein paar Wochen Zeit und haben Sie Geduld. Ich selbst habe 8 Monate benötigt, um die Morgenroutine zu finden, die zu mir passt! Hat sich Ihre Routine aber etabliert, haben Sie nicht nur eine Stunde Zeit am Tag gewonnen, sondern Sie haben auch noch Zeit für all die Dinge, die Sie früher in Ihren Alltag nicht unterbringen konnten. Lesen, Sport, Journal schreiben… Und Sie beginnen den Tag nicht bereits genervt und gestresst – Sie werden sehen, dass Sie nach einigen Monaten morgens froh gelaunt aufstehen werden, und kein Bedürfnis mehr danach haben werden, sich nochmals umzudrehen und weiter zu schlafen!

Wichtig bei alledem ist allerdings: seien Sie streng mit sich, aber nicht zu streng. Bewahren Sie Geduld und Durchhaltevermögen, aber passen Sie die Routine Ihren Befindlichkeiten an. Ich persönlich verzichte zum Beispiel samstags auf meine Morgenroutine, lasse den Wecker aus und schlafe, so lange ich will… und wache dann meistens gegen halb Sieben auf, was sich unheimlich ausgeschlafen und erholt anfühlt – aber wenn Sie Ihren Freunden berichten, dass Sie „so richtig lange ausgeschlafen" haben und damit 6.30 Uhr meinen werden diese wahrscheinlich nur die Köpfe schütteln. Probieren Sie aus und finden Sie IHRE persönliche Routine.

An dieser Stelle Sei Ihnen wärmstens das Buch „Miracle Morning" von Hal Elrod ans Herz gelegt. In diesem Buch widmet sich der Autor nur dem Thema Morgenroutine. Er hat zahlreiche Tipps und Handlungsanweisungen, die dieses Kapitel hier deutlich sprengen würden.

Die Abendroutine

Ebenso wichtig wie eine gute Morgenroutine sind die letzten Momente vor dem Schlafen gehen. Die Abendroutine kann deutlich kürzer ausfallen als die Morgenroutine, ist aber ebenso wichtig. Abends legen Sie den Grundstein für einen erholsamen Schlaf und einen guten Start in den nächsten Tag. Denn eine gute Schlafhygiene sorgt nicht nur für guten Schlaf, sondern auch für viel Energie und ein besseres Lebensgefühl. Natürlich hängt auch von der Qualität des Bettes einiges ab, aber mindestens genauso wichtig ist die abendliche Routine.

Sie sollten die letzten Stunden des Tages nicht vor Fernseher, Computer oder Smartphone verbringen und am besten generell elektrische Geräte aus dem Schlafzimmer verbannen.

Wenn Sie ohne abendliches Fernsehen nicht sein wollen, dann versuchen Sie es doch einmal damit: gönnen Sie sich den Fernsehabend und beenden Sie diesen eine halbe Stunde früher als gewöhnlich. Anschließend bereiten Sie sich auf das Schlafengehen vor und nehmen sich ein Buch beiseite, das muss kein Fachbuch sein, das kann nun auch ein Roman sein. Lesen Sie die letzten 15 – 30 Minuten vor dem Schlafengehen.

Erstellen Sie sich Zu Bett-Geh-Affirmationen: „Ich freue mich auf den morgigen Tag. Ich werde genug Schlaf erhalten und morgen ausgeruht aufstehen." Zum Beispiel.

Lesen Sie sich als letztes bevor Sie das Licht ausmachen diese Affirmationen vor oder sprechen Sie sie auswendig. Es ist erwiesen, dass uns der letzte Gedanke, den wir in den Schlaf mitnehmen am Morgen als Erstes in den Sinn kommt. Wenn nicht bewusst, dann unterbewusst. Sie können also die Qualität Ihres Aufwachens bereits beim Zubettgehen positiv beeinflussen!

In Kombination mit der Morgenroutine entschleunigen Sie auf diese Weise extrem Ihren Alltag und tanken Kraft und Energie. Sie bauen sogar noch Energie auf, von der Sie bisher nicht wussten, woher diese kommen soll! Während die Morgenroutine sehr stark strukturiert sein sollte kann die Abendroutine durchaus von Ihrer Tagesform abhängig gemacht werden. Wichtig ist nur, dass Sie eine haben und diese nicht aus *nach Hause kommen – Fernseher an – Bier trinken – auf dem Sofa einschlafen – ins Bett legen* besteht. Dazu ist Ihr Leben doch viel zu schade! Denken Sie immer daran: dieses Leben ist keine Generalprobe, Sie haben nur dieses eine. Und Sie lesen dieses Buch sicherlich nicht, um zu erfahren, wie Sie noch mehr Zeit vor dem Fernseher verbringen können…

Der Arbeitsalltag

Ob im Büro, im Homeoffice, als Schüler, Student oder Rentner: ein geregelter Tagesablauf die Arbeit betreffend kann Sie dabei unterstützen, die Ziele schneller und Kräftesparender zu erreichen – und Ihnen damit wieder ein Stückchen mehr Zeit schenken.

Als Grundlage kann Ihnen zum Beispiel ein Erfolgstagebuch dienen, das Sie im Rahmen der Morgenroutine führen.

Wichtig ist, dass Sie Ihrem Arbeitsalltag verschiedene Anker geben. Diese geben Ihrem Unterbewusstsein Sicherheit und verhelfen Ihnen zu innerlicher Ruhe. Wäre Ihr Tag ein Projekt könnten Sie diese auch als Meilensteine bezeichnen. Für einen erfolgreichen Arbeitstag sollten Sie Ihre Aufgaben an den drei großen Ankerpunkten des Tages festmachen: Morgens, Mittags

Abends. Am besten beginnen Sie den Tag mit einem gesunden und ausgewogenen Frühstück. Mittags planen Sie eine vollwertige Mahlzeit ein und für das Abendessen setzen Sie bereits morgens die ungefähre Uhrzeit fest. Warum dies Daten so wichtig sind? Mit regelmäßigen, gesunden Mahlzeiten vermeiden Sie Leistungstief im restlichen Lauf des Tages! Wenn Sie tatsächlich Zeit gewinnen wollen sollten Sie sich von den Nachmittagstiefs und langsamen Starts am Morgen verabschieden.

So gestärkt können Sie den Tag ohne unnötige Zwischenpausen gestalten. Dabei hilft Ihnen die klassische Büroorganisation, beziehungsweise eine gute Projektplanung. Versuchen Sie, diese Elemente routiniert durchzuführen, das heißt sie zu Gewohnheiten zu entwickeln. Es geht nicht darum, dass Sie sich verbiegen oder Dinge komplett anders machen – wer aber sein Ziel, mehr Zeit, erreichen will muss sich aus seiner Komfortzone begeben. Darren Hardy hat gesagt: "Du wirst dein Leben niemals verändern, bis du etwas veränderst, das du täglich tust. Das Geheimnis deines Erfolgs lässt sich in deiner täglichen Routine finden." Folgende Punkte sollten Ihnen in Fleisch und Blut übergehen, damit Sie letztendlich auch mehr Zeit gewinnen (ohne sich aber weder überanstrengen, noch auf etwas verzichten zu müssen!).

Vorgänge sofort erledigen

Im Ordnungscoaching wird dies gern die 2-Minuten-Regel genannt, manche weiten diese auf 5 Minuten aus oder kürzen sie auf 60 Sekunden. Im Kern bedeutet dies: wenn Sie Aufgaben vor sich haben, deren Erledigung ein Akt von wenigen Minuten ist, dann erledigen Sie diese sofort. E-Mails, die kurz beantwortet werden müssen; Telefonate, um einen Termin zu vereinbaren; eine Akte, die abgeheftet werden muss. Dies sind Beispiele für Aufgaben, die gerne auf einen „zu erledigen"-Stapel gelegt werden. Bis dieser Stapel so groß geworden ist, dass dessen Erledigung zwei Stunden dauert. Wovon eine viertel Stunde darin liegt, sich erst einmal in die Akten einzulesen und möglicherweise in E-Mails und Telefonaten nochmals erklären zu müssen, worum es geht, weil der Vorgang schon zu weit in der Vergangenheit liegt.

Erledigen Sie diese Aufgaben sofort!

Menschen, die sich davor scheuen sind meist diejenigen, die dann am Freitag einen halben Tag mit genau solchen Aufgaben verbringen. Während des Tages oder besonders am Morgen haben Sie oft die Zeit, die 5 Minuten einzubauen oder bewusst einzuplanen. Am Freitag oder Samstag führt das Anhäufen zu einem mehrstündigen Aufwand.

Dasselbe gilt für das Schreibtisch- und Büroaufräumen. Wenn Sie dies täglich tun, werden Sie keine 15 Minuten benötigen. Wenn Sie aber zwei Monate damit warten werden Sie mindestens einen ganzen Tag am Stück beschäftigt sein, nur aufzuräumen! Und wenn dann noch Akten dabei sind, die einfach nur sortiert und abgeheftet werden sind das gut und gerne die drei berühmten Tage vor dem Sommerurlaub und den Weihnachtsferien. Eine Woche Ablagearbeit! Mathematisch eine einfache Rechnung: wenn Sie vor jedem Urlaub 2 Tage nur damit beschäftigt sind, Ihr Büro aufzuräumen, Akten abzulegen und alte ToDo's abzuarbeiten benötigen Sie bei vier Urlauben im Jahr also acht Tage. Mit je acht Arbeitsstunden wären das 64 Stunden, also 3.840 Minuten. Nicht eingerechnet sind hier die Stunden, die Sie ja trotzdem mit kurzen Aufräumaktionen unter dem Jahr verbringen. Das bedeutet aber auch, bei ca. 253 Arbeitstagen pro Jahr hätten Sie alternativ jeden Tag knappe 15 Minuten Zeit, um sich nur dem Thema Aufräumen und Ablage zu widmen. Wenn Sie dies zur täglichen Routine entwickeln und Dinge sofort erledigen, also in den 5 Minuten vor der Mittagspause oder während dem laufenden Betrieb zwischen zwei Terminen, wann auch immer Sie kurz Zeit haben – dann sind Sie erfahrungsgemäß eher 5 Minuten täglich damit beschäftigt. Das sind umgerechnet nur noch 1.265 Minuten, bzw. 21 Stunden pro Jahr. Sie haben sich damit eine komplette Woche mit 43 Stunden Arbeit erspart! UND jeden Tag einen sauber aufgeräumten Schreibtisch vor Augen!

Die Zeit, die Sie sich durch unnötiges Suchen in einem nicht organisierten Büro sparen wollen wir an dieser Stelle Ihrer Fantasie überlassen...

Erledigen Sie die Aufgaben vollständig!

Ebenso wichtig wie das sofortige Erledigen kleinerer Aufgaben ist es, sich zur Gewohnheit zu machen die Dinge auch komplett zu erledigen. Wenn Sie einen Brief schreiben müssen, dann schreiben Sie nicht nur den Brief, sondern drucken ihn auch sofort aus, stecken ihn in den Umschlag, frankieren diesen und legen ihn anschließend in den Postausgang oder eben in ihre Handtasche, damit Sie diesen gleich beim nach Hause gehen in den Briefkasten werfen können.

Fangen Sie keine E-Mails an, die Sie nicht fertig beantworten können. Halbe Sachen oder Provisorien sind tabu!

Es sind diese Kleinigkeiten, die Ihnen unnötig Zeit rauben. Wenn Sie sich einen Kaffee machen wollen und feststellen, der Behälter muss geleert werden ... den Sie in den übervollen Mülleimer stopfen ... damit Sie diesen in die Tonne bringen können... auf dem Weg dorthin treffen Sie den Kollegen, der nur kurz etwas mit Ihnen besprechen wollte... und auf dem Rückweg stellen Sie eine Stunde später fest, dass im Mülleimer kein neuer Müllbeutel hängt, die Kaffeemaschine immer noch blinkt, weil Sie den Behälter daneben vergessen hatten, und Sie eigentlich keine Zeit mehr für einen Kaffee haben. Alles ein

Resultat dessen, dass der Behälter in der Maschine nicht nach dem letzten Kaffee entleert wurde (als die Anzeige zum ersten Mal aufleuchtete), der Mülleimer nicht sofort geleert wurde als er voll war und Sie den Kollegen nicht vertröstet haben (da Sie eigentlich gerade an einer anderen Aufgabe dran sind). Das sind die Auswirkungen der „das erledige ich später"-Mentalität.

Denken Sie auch immer an die Verschwendungsarten aus dem vorherigen Kapitel – mit der vollständigen Erfüllung der Aufgaben vermeiden Sie die Verschwendungsart der Nachbearbeitung.

Kein Multitasking!

Multitasking ist in aller Munde und eine der Hauptursachen für Zeitverschwendung – so paradox dies klingen mag.

Wenn Sie wirklich effizient unterwegs sein wollen verzichten Sie auf das Bearbeiten von mehreren Vorgängen gleichzeitig, da die Wahrscheinlichkeit, sich zu verzetteln bedeutend hoch ist. Sparen Sie Zeit, indem Sie sich einer Aufgabe auf einmal widmen. Und diese dafür hochkonzentriert erledigen. Dadurch, dass Sie in Gedanken nicht wo anders sind werden Sie kaum Fehler machen (die ansonsten wieder zu zeitraubenden Nachbearbeitungen führen). Außerdem müssen Sie keine Zeit dafür aufwenden, sich in das Thema jedes Mal wieder neu einarbeiten zu müssen und sind schneller konzentriert bei der Sache.

Ein Beispiel finden wir in unserem Bildungssystem. Auf staatlichen Schulen haben sie jeden Tag zahlreiche verschiedene Unterrichtsfächer. Kaum haben die Schüler nach einer Stunde die komplexen Mathematikaufgaben verstanden müssen Sie das Gehirn „umschalten", denn jetzt ist die Deutschlektüre an der Reihe. Und so geht es tagein, tagaus, so dass die Schüler kaum die Chance haben, sich mit einem Thema besonders vertieft zu beschäftigen. Auf Waldorfschulen erleben Sie ein völlig anderes System, dort wird in Epochen gelehrt. Drei Wochen lang ein und dasselbe Thema. Auf diese Weise haben die Schüler die Chance, komplexere Aufgaben zu erlernen und sich zum Beispiel intensiv mit einer Lektüre zu beschäftigen, da das heute erlernte an denselben Stoff vom Vortag anknüpft. So bleiben die Schüler konzentrierter und lernen in den drei Wochen das, wofür Staatschüler mindestens zwei Monate benötigen.

Im Berufsleben merken Sie dies, wenn Sie drei Projekte gleichzeitig bearbeiten müssen. Dann wird keines so richtig fertig, Wenn Sie sich aber auf eines konzentrieren kommen Sie wesentlich schneller voran.

Fazit zum Arbeitsalltag

All diese Punkte sollten Sie sich zur Gewohnheit machen:
1. Vorgänge sofort erledigen
2. Vorgänge vollständig erledigen
3. Immer nur einen Vorgang gleichzeitig bearbeiten

Wenn Sie diese Routinen automatisch anwenden haben Sie viel Zeit gewonnen, ohne dass Sie irgendetwas an der Sache ändern müssen! Die Vorgänge lassen sich vielleicht nicht einfacher erledigen (wobei Punkt 3 schon dazu führt, da Sie sich besser konzentrieren können), aber die Komplexität der Vorgänge wird davon nicht beeindruckt. Ich möchte Ihnen damit sagen, dass Sie nicht die Arbeit an sich ändern müssen, sondern nur die Art, wie Sie damit umgehen. Menschen mögen Veränderungen nicht – an dieser Stelle reichen aber bereits kleinste Änderungen der Gewohnheiten aus, um eine grandiose Wirkung zu entfalten!

Weitere Routinen

Natürlich gibt es noch zahlreiche weitere Routinen, die Sie in Ihrem Leben begleiten und Ihnen dabei helfen können Zeit zu sparen. Die frühzeitige Urlaubsplanung, das Fokussieren auf sich selbst während der Raunächte zum Jahreswechsel oder ein Trainingsplan für die täglichen sportlichen Übungen.

Welche Gewohnheiten Sie auch immer wählen, Sie können Ihnen helfen, Zeit zu sparen und effizienter zu sein. Natürlich ist es immer wieder wichtig, gemäß dem *kontinuierlichen Verbesserungsprozess* zu überprüfen und zu hinterfragen, ob die Gewohnheiten noch zum eigenen Lebensstil passen. Ganz wichtig ist diese Frage dann, wenn Sie eigentlich etwas anderes erreichen wollen. Wenn Sie sich zum Beispiel gesünder ernähren wollen, dann müssen Sie dies zur Gewohnheit machen – ansonsten laufen Sie Gefahr, sich in JoJo-Effekte zu verrennen und dann ist der Versuch der Änderung der Gewohnheiten nicht nur nicht zielführend, sondern sogar schädlich.

Denken Sie immer daran, dass solche Dinge Zeit brauchen und Sie, um eine Gewohnheit zu ändern mindestens 66 Tage benötigen, um Ihrem Gehirn die richtigen Impulse zu senden und diese neue Routine auch wirklich als Gewohnheit im Gehirn zu verankern. Sie müssen wissen, dass das Gehirn mit seinen Milliarden und Abermilliarden Nervenverbindungen und Gedanken die Chance hat, diese Verbindungen auch im Erwachsenenalter neu zu programmieren! Früher ging man in der Annahme, das Gehirn und das Denken lasse sich ab einem gewissen Alter nicht mehr ändern. Mittlerweile wissen wir aber, dass dem nicht so ist! In einem einfachen Beispiel können Sie sich vorstellen, dass die Gedanken sich sozusagen ein Straßennetz in Ihrem Kopf aufbauen. Oft gedachte Gedanken flitzen irgendwann auf Datenautobahnen nur so dahin, während die ungemütlicheren oder seltenen Gedanken sich auf Trampelfaden durch Ihren Kopf bewegen. Wenn Sie also abends vor der Frage stehen „Sofa oder Sport?" werden Ihre Gedanken automatisch über die „Sofa"-Autobahn schießen... dort ist es schließlich gemütlich, nicht so anstrengend und das Ziel ist so leicht zu erreichen. Der Weg, sich für den Sport zu entscheiden würde allerdings über einen holprigen Wanderweg führen, von dem Sie zwar wissen, dass es eigentlich der richtige Weg wäre, aber dieser ist so anstrengend und sieht auch überhaupt nicht einladend aus... also nehmen Ihre Gedanken die Autobahn und Sie wählen das Sofa. Um eine Gewohnheit zu ändern müssen Sie genau an diesem Entscheidungspunkt ansetzen. Und zwar mit vollem Bewusstsein. Sich dazu entscheiden, den Trampelpfad zu wählen. Und Sie werden merken, je öfter Sie Ihre Gedanken über den Trampelpfad schicken umso weniger befahren wird die Autobahn und umso breiter der schmale Pfad. Bis nach ca. 66 Tagen der einst enge, verschlungene und holprige Trampelpfad zu einer kleinen Schnellstraße ausgebaut wurde und die Autobahn zum Sofa langsam abgebrochen wird mangels Verkehrsaufkommen.

Auf dieselbe Weise können Pessimisten zu Optimisten werden – das Ganze vorgehen muss Ihnen schlichtweg bewusst sein (vielleicht möchten Sie an diesem Punkt noch einmal das Kapitel über das Verstehen lesen).

Sie ahnen aber schon, welche Punkte für die Umsetzung in diesem Kapitel existentiell wichtig sind, ohne diese funktionieren alle Vorsätze und Maßnahmen des TUN nichts:

Selbstdisziplin und Durchhaltevermögen

Betrachten wir die Historie noch so unterschiedlichster erfolgreicher Menschen, Erfinder und großen Köpfe so stellen wir fest, dass diese alle eins gemein haben: ein außergewöhnliches Durchhaltevermögen und eine große Selbstdisziplin. Thomas Edison benötigte mehr als 10.000 Versuche, bis er die Glühbirne erfand. Das wohl bekannteste

Beispiel in der heutigen Zeit ist Elon Musk. Er brauchte Jahre und stand persönlich oft genug kurz vor der privaten Insolvenz, bevor ihm der entscheidende Durchbruch bei der Erfindung der wiederverwertbaren Rakete gelang. Doch wenn Sie ihn und all die anderen fragen, ob sie jemals daran dachten aufzugeben, werden Sie wie aus der Pistole geschossen antworten: Niemals!

Wir neigen dazu, viel zu früh und viel zu oft aufzugeben. Im Alltag gesprochen: ob es sich dabei um das Aufräumen des Schreibtisches handelt oder beim Etablieren einer neuen Routine: wenn das gewünschte Ergebnis nicht relativ zeitnah eintritt werfen die meisten von uns die Flinte ins Korn und machen sich nicht länger die Mühe. Sie wollen 10kg abnehmen? Nach zwei Wochen gesunder Ernährung und Sport beginnt es draußen kalt zu werden und zu regnen. Und Sie streichen den Morgensport und gönnen sich zur Abwechslung einen heißen Glühwein. Vorbei mit der neuen Routine. Würden Sie die neue Ernährung und den täglichen Sport ein Jahr lang durchhalten kämen Sie gar nicht umhin 10kg zu verlieren.

Das ganz Gemeine an der Sache mit dem Durchhalten ist, dass wir nicht wissen, ob es sich lohnt. Edison wusste nicht, wie viele Versuche er benötigen würde, bis seine Erfindung gelingt. Ebenso Elon Musk nicht. Heute heißt es, sie hätten Glück gehabt. Oder das richtige Händchen. Oder Musk sei ja schließlich ein Physiker, der müsse es ja wissen. Nein – zur Gründung von Space X wusste er eben nicht, was er tat. Aber er eignete sich dieses Wissen an, in einem langwierigen Lernprozess. Er lernte alles über Raketenwissenschaften, um so zum Ziel zu kommen. Nach unzähligen Fehlversuchen, Explosionen und Bruchlandungen gelang ihm das Meisterstück.

Viele von uns vergessen, wie viel harte Arbeit und wie viel Selbstdisziplin hinter den großen Erfolgen der Menschheitsgeschichte stecken. Und wenn Sie Ihr Ziel, endlich mehr Zeit im Leben zu haben, erreichen wollen – dann kommen Sie um die Selbstdisziplin nicht herum.

Nehmen wir unser vorheriges Beispiel mit der Schreibtischaufräumroutine. Wir hatten ausgerechnet, dass Sie bei fünf Minuten täglichem Schreibtischaufräumen im Endeffekt eine ganze Arbeitswoche Zeit pro Jahr einsparen können, wenn nicht sogar mehr. Wenn Sie die Selbstdisziplin nicht aufbringen, diese fünf Minuten täglich zu nutzen, um auch wirklich den Schreibtisch aufgeräumt zurückzulassen, dann helfen alle Tipps und Anleitungen nichts, Sie werden die Zeit nicht einsparen.

Und geben Sie sich nicht der Illusion hin, bei „den Anderen" liefe das alles so einfach. Dann beherrschen uns Ausreden: wenn ich mehr Geld hätte, wenn ich sportlicher wäre, wenn ich ein Frühaufsteher wäre, wenn ich keine Kinder hätte, wenn mein Job nicht so stressig wäre, wenn ich einen anderen Partner hätte, wenn ich einfach mehr Glück hätte...

Glück spielt manchmal eine gewisse Rolle, aber tatsächlich liegt dem Durchhaltevermögen ein viel größerer Anteil zu Grunde, als die meisten annehmen. Die stärksten Menschen sind nicht die, die immer gewinnen, sondern die, die nicht aufgeben! Oder wie Katharina von Siena, von der katholische Kirche als Schutzpatronin Europas, Italiens und der Stadt Rom verehrt, es formulierte: „Nicht das Beginnen wird belohnt, einzig und allein das Durchhalten.".

Und mit Selbstdisziplin durchzuhalten, das ist der dritte Punkt in diesem Kapitel, der sich mit dem TUN beschäftigt. Wer Ordnung in sein Leben gebracht hat und Routinen und Rituale etabliert hat, die ihm das Leben leichter machen, dem fehlt nur noch die dazugehörige Selbstdisziplin und das Durchhalten, um diese Ziele auch dauerhaft zu erreichen. Des betrifft natürlich nicht nur das Ziel, mehr Zeit in seinem Leben zu gewinnen, sondern auch alle anderen Ziele, die Sie sich gesetzt haben.

Helfen kann Ihnen dabei die bereits bei den Routinen erwähnte Tatsache, dass Sie 66 Tage benötigen, um aus einer neuen Veränderung eine Gewohnheit zu machen. Außerdem sollten Sie sich, wenn der Kampf mit dem berühmten inneren Schweinehund zu anstrengend wird mit dem Thema Ihres Unterbewusstseins und dem limbischen System des Gehirns befassen. Ein dafür sehr hilfreiches und humorvoll geschriebenes Buch ist *LIMBI: Der Weg zum Glück führt durchs Gehirn* von Werner Tiki Küstenmacher. Ich kann dieses Buch nur empfehlen, wenn Sie sich mit den genauen Vorgängen beschäftigen möchten, die Sie am Durchhalten hindern oder Sie sich fragen, wie Sie mehr Selbstdisziplin aufbringen können!

Übungen zum Durchhalten

1. Suchen Sie sich Vorbilder in der Geschichte oder Jetztzeit, von denen Sie wissen, dass diese unzählige Versuche bis zum Erfolg gebraucht haben:

Elon Musk
Henry Ford
Winston Churchill
Michael Jordan
Thomas Edison
Steve Jobs
J. K. Rowling
Oprah Winfrey
Steven King
Jack Ma
...

Diese Liste können Sie beliebig erweitern. Unabhängig ob Erfinder, Musiker, Sportler, Autor, ... in jedem Bereich des Lebens werden Sie Menschen finden, die sich geweigert haben auch nach unzähligen Niederlagen aufzugeben. Lesen Sie die

Biographien der Menschen, die Sie inspirieren und Sie werden lernen, dass es für den eigenen Erfolg mehr braucht, als nur einen starken Anfangsimpuls. Hierbei geht es natürlich nicht mehr nur um das Ziel dieses Buches, mehr Zeit im eigenen Leben zu bekommen, diese Inspirationen können Sie für alle Ziele Ihres Lebens verwenden!

2. Beschäftigen Sie sich täglich mit Ihren Glaubenssätzen

Ich kann das nicht
Das schaffe ich doch nie
Das hat noch keiner geschafft
Ich weiß nicht, wie das funktionieren soll
Wenn mein Partner, meine Familie nicht wäre, …

Suchen Sie sich die Methode, die für Sie geeignet ist, um an den negativen Glaubenssätzen zu arbeiten. Neue Affirmationen, das Auf-Sich-Schauen mit dem inneren Beobachter, das zur Seite nehmen und die Vogelperspektive einnehmen… Ein paar Anregungen dazu erhalten Sie zusätzlich im nächsten Kapitel über das Schreiben.

3. Geben Sie sich Zeit und nicht auf: Sport hilft!

Letztendlich müssen Sie sich bewusst machen, dass „Aufgeben" keine Option ist! Allein dieses Bewusstsein kann Sie durch die Durststrecken tragen. Treiben Sie Sport, um zu lernen, wo Ihre Grenzen liegen. Sport ist ein wunderbares Mittel, um zu lernen, wo die eigenen Grenzen liegen und wie leistungsfähig der eigene Körper ist. Suchen Sie sich sportliche Ziele, die Sie herausfordern, bei denen Ihnen am Anfang die Sätze aus Punkt 2 durch den Kopf schießen. Und dann gehen Sie diese an und halten durch. Sie werden Ihr Ziel erreichen und dabei feststellen, dass die Glaubenssätze nicht zutreffend waren. Jetzt haben Sie die Basis geschaffen, um dieses Durchhaltevermögen auch auf andere Bereiche des Lebens anzuwenden!

4. Sprechen Sie mit Ihrem inneren Schweinehund!

Beschäftigen Sie sich intensiv mit Ihrem Unterbewusstsein, dem inneren Schweinehund und der Tatsache, dass dieser kleine Kerl für einen Großteil Ihrer Unlust verantwortlich ist. Lesen Sie Bücher zum limbischen System oder wenden Sie sich vertrauensvoll an einen Berater oder Coach Ihrer Wahl. Der innere Schweinehund hält Sie maßgeblich vom Durchhalten ab, denn das ist definitiv die größte Hürde, die dieser zu überwinden hat. Hundebesitzer wissen, dass Sie jeden Tag raus gehen müssen – unabhängig von Wetter, Stimmung, eigenem Wohlbefinden. Wenn Sie wieder einmal dabei sind, die Outdoor-Klamotten zu ignorieren sagen Sie sich bewusst: Jeder Mensch hat einen Hund, der täglich raus muss! Den inneren Schweinehund.

Fazit zum TUN

In diesem Kapitel, dem Kernstück des L.U.D.W.I.G.-Prinzips, haben Sie praktische Anleitung erhalten, um ins TUN zu kommen.

„Ordnung ist das halbe Leben" ist keine negative Phrase mehr für Sie, sondern Sie wissen jetzt, warum Ihnen Ordnung helfen kann, mehr Zeit im Leben für sich zu gewinnen und wie Sie mit klaren Strukturen auch andere Ziele im Leben schneller und effizienter erreichen können. Denn nur wer über ein geordnetes Äußeres verfügt hat die Kraft und Möglichkeit, ein ruhiges und entspanntes Inneres zu entwickeln.

Sie wissen über die Bedeutung und die Kraft verschiedener Routinen, haben für sich die wichtigsten Rituale herausgefunden und sind dabei, diese in den Alltag zu integrieren und zu Gewohnheiten werden zu lassen. Ihnen ist bewusst, dass Sie mindestens 66 Tage benötigen werden, um alte Gewohnheiten durch Neue zu ersetzen.

Außerdem haben Sie praktische Anweisungen erhalten, wie Sie den unerschütterlichen Glauben an Ihre Zielsetzungen bewahren können und für sich selbst die dazu notwendige Selbstdisziplin aufbauen können. Sie haben akzeptiert, dass Sie einen inneren Schweinehund besitzen, der Sie bisher daran gehindert hat, Ihre Ziele zu erreichen.

Sollten Sie bei den ein oder anderen Hinweisen in diesem Kapitel alleine nicht voran kommen so scheuen Sie sich keinesfalls, einen Experten für diesen Bereich aufzusuchen! Ein Life Coach kann Sie professionell dabei unterstützen, sich von negativen Glaubenssätzen zu lösen, ein Personal Trainer ist für die sportliche Entwicklung eine sehr gute Ergänzung und ein sehr guter Sparringspartner, wenn es um das Thema Selbstdisziplin und Durchhaltevermögen geht. Viele der erfolgreichsten Menschen, nahezu alle, haben stets ein komplettes Team an ihrer Seite stehen, das sie bei allen Schritten und Wegen unterstützt!

W = WRITE

SCHREIBEN

Dass Menschen, die regelmäßig Ihre Gedanken und Wünsche zu Papier bringen ein gesünderes und stressfreieres Leben führen ist mittlerweile in zahlreichen wissenschaftlichen Studien erwiesen worden.

Sie haben daher bereits in den vorherigen Kapiteln deutliche Impulse zum Führen eines Tagebuchs, eines Erfolgsjournals oder eines Achtsamkeitstagebuch erhalten, um nur einige Beispiel für das Schreiben zu nennen. In diesem Kapitel geht es nicht darum, dass Sie einen Roman verfassen oder Gedichte schreiben sollen – es geht vielmehr um das gezielte Aufschreiben Ihrer Ziele oder auch Gefühle und Gedanken.

Sie lernen in diesem Kapitel:
- warum Schreiben wissenschaftlich gesehen ein Gewinn für Sie ist,
- welche Arten und Möglichkeiten des Schreibens es gibt,
- wie Sie Projektpläne und Tagespläne im Arbeitsalltag zur Effizienzsteigerung einsetzen,
- warum Sie Ihre Affirmationen schriftlich fixieren sollten, und
- wie viel Zeit Sie dafür aufwenden sollten, um letztendlich das große Ziel – mehr Zeit im Leben – zu erreichen.

Zu Beginn möchte ich Ihnen zehn wissenschaftlich belegte Wirkungen des „Journaling", früher Tagebuchschreiben, näherbringen:

Warum Journaling ein Gewinn für Sie ist

1. Verringert Stress

Der wohl angenehmste Punkt ist das enorme Verringern von Stress. Ob Sie ein Tagebuch führen, in welchem Sie Ihre Sorgen,

Ängste und Nöte dokumentieren oder ein Dankbarkeitstagebuch, in dem Sie täglich einige wenige Dinge aufschreiben, für die Sie dankbar sind: Sie werden definitiv mehr Motivation entwickeln, eine positivere Lebenseinstellung erreichen und eine neue, bisher ungeahnte Energie fördern.

2. Probleme lassen sich schneller lösen

Um Probleme zu lösen verwenden wir gern die rechte Gehirnhälfte, die für analytische Denken zuständig ist. In manchen Fällen benötigen wir aber kreatives Denken und eine eigene Intuition, Prozesse, die in der linken Gehirnhälfte stattfinden. Diese linke Gehirnhälfte aktivieren wir beim Schreiben, daher können uns während des Schreibens oft andere Lösungsansätze begegnen.

3. Ziele können schneller erreicht werden

Wer seine Ziele schriftlich fixiert hat diese besser im Blick und kann sie besser verfolgen. Studien haben außerdem ergeben, dass Sie diese Ziele schneller und effizienter erreichen, wenn Sie Ihre aufgeschriebenen Ziele mit anderen Menschen teilen – im englischen Sprachraum gibt es die sogenannten Accountability-Partner, zu Deutsch: Rechenschaftspartner. Mit diesen tauschen Sie sich in einem bestimmten Zeitraum aus und ermutigen sich gegenseitig auch in unmotivierten Phasen an Ihren Plänen festzuhalten.

4. Soziale Intelligenz verbessern

Nicht nur im obigen Beispiel, sondern generell kann sich das Verhältnis zu Ihren Mitmenschen bessern, wenn Sie Ihre Gedanken und besonders Gefühle notieren. Ob in einem Dankbarkeits- oder Achtsamkeitstagebuch: hier werden Sie gefordert, Ihren Gedanken und Gefühlen freien Lauf zu lassen.

Außerdem kann es hilfreich sein, sich auf diese Weise in andere Menschen und deren Lage hineinzuversetzen und so eine andere Sicht der Dinge zu entwickeln. Was Sie insgesamt sozial verträglicher werden lässt.

5. Verbesserung von Gedächtnis und IQ

Nicht nur die soziale Intelligenz verbessert sich, auch Ihr Gedächtnis wird durch das Schreiben eines Journals deutlich verbessert – und noch dazu entwickelt sich ihr IQ permanent weiter. Früher nahm man an, dass dieser irgendwann fertig entwickelt sei, mittlerweile wissen wir, dass wir den IQ gezielt trainieren und weiter entwickeln können. Gehirnjoggingaufgaben können ihren Teil dazu beitragen, aber auch expressives Schreiben kann hier zu einem deutlichen Schub verhelfen.

6. Schreiben macht glücklich

Besonders das Schreiben eines Dankbarkeitstagebuches macht uns tatsächlich glücklicher und zufriedener. Da wir uns beim Schreiben auf positive Dinge konzentrieren erhält unser Unterbewusstsein Stück für Stück optimistische Reize und wir werden automatisch energiegeladener und gut gelaunter!

7. Besseres Schlafen

Und wer glücklicher und optimistischer durchs Leben geht wird fast automatisch ebenso seine Schlafqualität verbessern. Wenn Sie Ihr Dankbarkeitstagebuch vor dem Schlafengehen ausfüllen werden Sie diese Gedanken mit in den Schlaf nehmen. Und da wir wissen, dass sich gesunder Schlaf gleichzeitig auf die Gesundheit auswirkt ist dieser Punkt nicht zu unterschätzen!

8. Stärkung des Immunsystems

Ebenso lässt sich durch das Tagebuchschreiben das eigene Immunsystem stärken. Hier muss es sich nicht zwingend um Achtsamkeits- oder Dankbarkeitsjournale handeln. Zur Stärkung des Immunsystems ist es hilfreich, sich belastende und stressige Situationen buchstäblich von der Seele schreiben zu können. So kann Ihre Gesundheit nachhaltig davon profitieren!

9. Steigerung der Zufriedenheit im Beruf

Auch die eigene Zufriedenheit mit dem Beruf kann nachhaltig verbessert werden, wenn Sie ein Journal führen. Unabhängig davon, ob Sie selbstständig oder angestellt sind: wer seine wichtigsten To Do's, Meilensteine und Ziele in Schriftform notiert - und dies am besten täglich - wird seine berufliche Zufriedenheit wesentlich steigern. Dazu schreiben Sie nicht nur auf, was Sie geplant haben und erledigen wollen, sondern ebenso, was Sie bereits getan haben und worauf Sie stolz sein können. Auf diese Weise würdigen Sie selbst auch kleinere Erfolge, die bisher eher als Nichtigkeiten betrachtet wurden.

10. Schreiben fördert die Kommunikationskompetenz

Ein Tagebuch zu führen kann nicht unwesentlich Ihren persönlichen Sprach- und Schreibstil verbessern. Sie werden ein besseres Händchen für den Umgang mit unserer Sprache entwickeln und so immer weniger Probleme damit haben, ausführlichere Texte oder gar Reden und Vorträge zu formulieren. Dies gilt natürlich nur, wenn Sie kein stichwortartiges Journal führen, sondern die Texte ausformulieren und sich bei Satz- und Wortwahl entsprechende Gedanken machen.

Diese zehn Punkte sollen Ihnen kurz zusammengefasst einen Überblick über die zahlreichen Vorteile des Schreibens geben. Doch welche unterschiedlichen Arten des Journalführens gibt es und was sollten Sie auf jeden Fall in Ihre Routinen einflechten?

Arten und Möglichkeiten des Schreibens

Eine Auswahl finden Sie an dieser Stelle – jedoch möchte ich darauf hinweisen, dass Sie im Internet noch eine große Vielzahl weiterer Anregungen finden. Wichtig ist, dass Sie sich für ein oder zwei Varianten entscheiden und sich nicht – im buchstäblichen Sinne – darin verzetteln! Im Falle des Journaling ist das Motto „Weniger ist mehr" durchaus ratsam. Das Schreiben und Verfassen von Projekt- und Tagesplänen wird im nächsten Unterkapitel behandelt werden. An dieser Stelle gehen wir nur auf die Arten des Journaling ein.

Erfolgsjournal: Zielerreichung und Fokussierung

Dieses Journal ist ein sehr knapp gefasstes Tagebuch, das Ihnen helfen soll, Ihre Ziele effizienter und schneller zu erreichen. Hier notieren Sie einmal wöchentlich Ihre Wochenziele, am besten werde dazu konkrete Zeiträume und benötigte Materialien und / oder Personen beschrieben. Anschließend schreiben Sie täglich in einem Zeitraum von 5 bis 10 Minuten auf, welche Aktivitäten Sie konkret für den Tag geplant haben, die Sie Ihrer wöchentlichen Zielerreichung näherbringen. Dabei reichen Stichworte und Notizen. Wichtig ist, dass Sie sich darauf fokussieren können, nur Dinge zu erledigen und in Angriff zu nehmen, die Sie Ihren eigentlichen Wochenzielen näherbringen. Wenn Sie möchten, können Sie zusätzlich im monatlichen Turnus noch die Monatsziele niederschreiben.

Durch das tägliche Schreiben haben Sie die Möglichkeit schneller zu reagieren, sollten sich Termine oder Fristen nicht einhalten lassen und bereits frühzeitig entgegensteuern.

Für das Arbeiten mit Erfolgstagebüchern gibt es bereits zahlreiche beliebte Vorlagen, ich empfehle an dieser Stelle gerne *„Das 6-Minuten-Tagebuch"* oder *„Das 6-Minuten-Erfolgsjournal"* von Dominik Spenst.

Das Erfolgsjournal führen Sie am besten morgens im Rahmen Ihrer Morgenroutine oder abends im Rahmen der Abendroutine.

Achtsamkeitsjournal: Gesundheit und Wohlbefinden

Um das eigene Wohlbefinden zu stärken und den Fokus auf die Gesundheit und das Innere zu legen empfiehlt sich das Führen eines Achtsamkeitstagebuches. Hier halten Sie täglich oder alle paar Tage fest, wie Sie sich derzeit in Ihrer Situation fühlen, wie es Ihnen gesundheitlich geht und auch welchen Stellenwert die Themenbereiche Ernährung und Sport einnehmen. Sie können auch, ähnlich wie bei der Bullet Journal-Methode, sogenannte Gewohnheitsttracker verwenden. Möchten Sie sich zum Beispiel täglich etwas Zeit zum Meditieren nehmen oder Ihre Ernährungsgewohnheiten umstellen, zum Beispiel jede Stunde ein Glas Wasser trinken, dann eignet sich dafür das Achtsamkeitsjournal. Sie benötigen keine extra Vorlage, ein einfaches leeres Buch ist für den Anfang völlig ausreichend. So können Sie für die Gewohnheiten mit Strichlisten oder Kästchen zum Ankreuzen arbeiten.

Der ideale Zeitpunkt für das Achtsamkeitsjournal ist der Abend, bevor Sie sich zu Bett begeben. Lassen Sie den Tag noch einmal vor Ihrem inneren Auge Revue passieren und spüren Sie in sich hinein, wie es Ihnen in den verschiedenen Situationen und Momenten ergangen ist. Ziehen Sie die Konsequenzen aus diesen Lehren und überlegen Sie, welches Verhalten Sie noch weiter ändern möchten, oder wo Sie sich besonders gut und wohl gefühlt haben.

Dankbarkeitstagebuch: Optimismus und Motivation

Mit dem Dankbarkeitstagebuch konzentrieren Sie sich ganz auf die positiven Elemente in Ihrem Leben. Das Ziel ist es, Ihr Glücksempfinden zu stärken. Gleichzeitig kann das Dankbarkeitsjournal ein unheimlich starkes Werkzeug zur eigenen Motivation sein, wenn Sie einmal eine Krise durchleben oder einen mentalen Tiefpunkt haben.

Die Anwendung des Dankbarkeitstagebuches ist sehr einfach: Notieren Sie täglich drei bis fünf Stichworte, für die Sie heute dankbar sind. Am besten schreiben Sie diese Dinge abends auf, um noch einmal über das Erlebte nachzudenken und sich auf die positiven Erlebnisse zu fokussieren. Es geht nicht darum, dass Sie negative Erlebnisse negieren oder verdrängen, sondern auch in schlechten Zeiten oder Phasen erkennen, dass es immer drei bis fünf Dinge gibt, für die Sie dankbar sein können. Auf diese Weise stärken Sie die Gedankenautobahn mit den positiven Gedanken und über einen längeren Zeitraum geführt bewirkt diese Form des Schreibens, dass Sie ruhiger, zufriedener und glücklicher werden. Schließlich sind es die kleinen Dinge im Alltag, auf die wir mehr achten sollten, die uns Freude bereiten!

Was Sie notieren kann vielfältig sein. Der gerade gesunkene Benzinpreis, wenn Sie gerade an die Tankstelle heranfahren. Das letzte Lieblingsbrötchen, das Sie beim Bäcker ergattern konnten. Die unerwartet freundliche Person an der Servicehotline der Telefongesellschaft.

Dankbarkeit können Sie im Übrigen auch wunderbar täglich selbst weitergeben und nicht nur notieren. Ein freundliches

Lächeln an die gestresste Verkäuferin im Supermarkt. Ein Kompliment an den Kollegen im Video-Meeting. Eine Tafel Schokolade für den Paketzusteller, der sich seit Monaten mit schweren Paketen der Nachbarn quält.

Sie werden sehen: Dankbarkeit, die Sie geben wird Ihnen auf vielfältige Weise zurückgegeben werden. Hier gilt das Motto: wer gibt, gewinnt!

Klassisches Tagebuchschreiben: Loslassen können

Das klassische Tagebuch kann Ihnen wesentlich dabei helfen, negative Erlebnisse besser zu verarbeiten. In stressigen Situationen ist es immens hilfreich, die Worte und Gedanken, die ständig im eigenen Kopf kreisen zu Papier zu bringen. Ich möchte nicht sagen „aus den Augen, aus dem Sinn", aber mit dem Tagebuchschreiben haben Sie die Möglichkeit, die Gedanken zwar festzuhalten, gleichzeitig erlauben Sie sich aber, diese aus Ihrem Kopf zu entlassen. Haben Sie zusätzlich ein wenig Gottvertrauen, dass das Schicksal sich diesem Problem annehmen wird. Manche Menschen schreiben sie bewegende Themen in Tagebücher um anschließend das Universum um Hilfe zu bitten. Das müssen Sie nicht tun, aber oft hilft schon die Verbindung von Hand und Gehirn, dass Ihnen beim Schreiben urplötzlich Lösungen einfallen, die Ihnen vorher buchstäblich nicht in den Sinn gekommen waren.

Natürlich können Sie in einem klassischen Tagebuch auch all die positiven Emotionen und Erlebnisse festhalten. Sie können in diesem Tagebuch auch Erinnerungsstücke einkleben und es grafisch gestalten. Eintrittskarten, Postkarten, Briefe, was das Herz begehrt.

Zum Tagebuchschreiben müssen Sie nicht zwingend einen festen Rhythmus einführen. Viele Menschen haben automatisch das Bedürfnis, eher in schlechteren oder schwierigeren Zeiten ein Tagebuch zu schreiben. Dann sollten Sie allerdings zusätzlich über das tägliche Führen eines Dankbarkeitstagebuches nachdenken. Ansonsten besteht die Gefahr, dass Sie sich zu sehr auf die negativen Dinge in Ihrem Leben versteifen.

Das klassische Tagebuchschreiben eignet sich außerdem für Menschen, die gerne schreiben oder Texte verfassen. Es kann daher auch für diejenigen geeignet sein, die aus beruflichen Gründen öfter Texte verfassen müssen, sich damit aber eher schwertun. Im eigenen Tagebuch können Sie nach Lust und Laune mit Sprachstil, Synonymen, sogar der eigenen Handschrift experimentieren.

Bullet Journaling: Gewohnheiten ändern

Das Bullet Journal ist eine neue Variante des sogenannten „Gewohnheitsttracking". Mit Hilfe eines Bullet Journals erfassen Sie mit sogenannten „Trackern", bestehend aus Strichlisten oder Kästchen zum Ankreuzen oder Abhaken Ihre Gewohnheiten. Daher der Name, denn die „Bullet Points" sind die klassischen Aufzählungszeichen: •

Es eignen sich selbst gestaltete leere Bücher dazu, aber auch hierfür gibt es im Buchhandel bereits fertig designte Vorlagen oder sogar Apps für die verschiedenen Smartphones.

Das klassische Beispiel für die Verwendung eines Bullet Journals ist das Ändern von Ernährungs- und Bewegungsgewohnheiten. Sie erstellen beispielsweise eine Liste zum Abhaken, um zu kontrollieren, ob Sie jeden Tag tatsächlich alle zwei Stunden ein Glas Wasser getrunken haben. Oder ob Sie täglich 10.000 Schritte gelaufen sind. Auf diese Weise visualisieren Sie Ihre Erfolge und sehen auf einen Blick, ob Sie sich daran halten konnten oder ob Sie etwas ändern müssen.

Wie bereits im vorherigen Kapitel erwähnt, benötigen Sie mindestens 66 Tage, um eine Gewohnheit zu ändern. Ein Bullet Journal bietet sich hier perfekt an, da Sie sich mehrmals täglich kontrollieren und prüfen, ob Sie Ihrem Ziel tatsächlich näherkommen.

Der Nachteil beim Bullet Journaling ist allerdings der recht große Aufwand, das Journal allein grafisch einzurichten – für nicht-kreative Menschen kein Gewinn. Sollten Sie sich deshalb einer der vorgefertigten Varianten aus dem Buchhandel bedienen werden Sie schnell merken, dass diese Exemplare wiederum sehr starr und allgemeingültig sind – was eigentlich das Konzept des individuellen Gewohnheitenänderns auf den Kopf stellt.

Das Bullet Journal soll daher der Vollständigkeit halber erwähnt werden, bietet sich aber zum Thema „Zeit gewinnen" nur bedingt an, da die Erstellung und auch das Führen einen beträchtlichen Anteil an Zeit einnimmt, auch wenn in den Medien oft damit geworben wird, dass genau das Gegenteil der Fall sei.

Entscheiden Sie sich für eine Variante

Jetzt ist es an Ihnen, sich für eine der vorgestellten Varianten zu entscheiden. Ich persönlich führe im Übrigen für „besondere Momente" ein klassisches Tagebuch und für die beruflichen Aspekte ein tägliches Erfolgsjournal. Das Erfolgsjournal schreibe ich im Rahmen der Morgenroutine, das Tagebuch tatsächlich frei nach Gusto.

Sie sollten sich für eine Art des Schreibens und den Zeitpunkt an dem Sie schreiben entscheiden. Und dann wählen Sie aus dem nächsten Schreibwaren- oder Buchladen ein hochwertiges leeres Buch (zu empfehlen sind hier die Leuchtturm-, Paperblank- und

Moleskin-Bücher) und einen passenden Stift dazu. Denn ab jetzt werden Sie diese beiden Utensilien täglich in die Hand nehmen – hier sollten Sie nicht an Qualität sparen und verzichten Sie auf simple Blöcke und Werbekugelschreiber, denn SIE SIND ES WERT!

Bei der Auswahl der Art des Schreibens können Ihnen auch wieder Ihre Werte aus Kapitel 1 behilflich sein: nach welchen Werten wollen Sie leben? Was ist Ihr Anliegen? Was treibt Sie an und was ist Ihr Warum? Wenn Sie eher berufliche Ziele verfolgen eignen sich das Erfolgstagebuch und das Bullet Journal. Möchten Sie sich persönlich weiter entwickeln, eignen sich eher das Achtsamkeits- und das klassische Tagebuch. Ist Ihr Ziel der Untertitel des Buches, mehr Zeit im Leben zu gewinnen, kann sich das Bullet Journal etablieren, wenn Sie kritisch darauf achten, nicht zu viel Zeit mit der Gestaltung zu verbringen, sondern sich darauf fokussieren, Ihre Gewohnheiten zu ändern.

Das Schreiben ist notwendig, um Klarheit im Kopf zu bekommen. Sie erinnern sich an das Kapitel zur Ordnung. Und Ordnung beginnt nun mal im Kopf.

Schriftliches Arbeiten im Büroalltag

Wenn wir uns im Büro bewegen, bekommt das Schreiben eine andere Bedeutung. Jetzt geht es um die Notwendigkeit und das Verfassen von Projektplänen, Tagesplänen und Checklisten.

Projektpläne

Haben Sie ein Projekt zu erledigen, das einen längeren Zeitraum umfasst oder eine simple Aufgabe, die aber mehrerer Arbeitsschritte beinhaltet dann sollten Sie dies schriftlich fixieren. Dabei sollten Sie sich immer als Ankerpunkte die zwei Fragen stellen:

1. Um welche Aktion handelt es sich? und
2. Was soll das Ergebnis dieser Aktion sein?

Wenn Sie ein Gebäudereinigungsunternehmen führen erwartet Ihr Kunde als Ergebnis, dass seine Gebäude sauber sind und regelmäßig gewartet werden. Um dieses Ergebnis zu erhalten müssen Sie die unter 1. beschriebenen Aktionen durchführen (fegen, wischen, staubwischen, Glühbirnen ersetzen, etc.).

Bei der Erstellung der Aktionsliste können Ihnen die berühmten W-Fragen behilflich sein: Was ist zu tun, in Welcher Reihenfolge, Wer hat dies zu erledigen, bis Wann und Wo?

Der Projektplan wird für gewöhnlich tabellarisch geführt und enthält alle wichtigen Antworten auf die oben genannten W-Fragen inklusive zuständiger Personen und dem schriftlich fixierten Datum zu jedem Arbeitsschritt, damit Sie stets den aktuellen Stand greifbar und vor Augen haben.

Exkurs: Die 5 R's des Lean Management

Um sich auf genau diese Kernfragen und das eigentliche Ziel zu fokussieren benutzen wir gern die Methode der 5 R's. Dies bedeutet:

die *richtigen* **Dinge**,
zur *richtigen* **Zeit**,
am *richtigen* **Ort**,
in der *richtigen* **Menge**,
in der *richtigen* **Qualität**

bereit zu halten.

Stellen wir uns folgende Situation aus unserem Alltag vor:

Sie stehen nach einem langen Arbeitstag in der Dusche und haben sich gerade abgebraust. Urplötzlich hört das Wasser auf zu fließen – auf der Straße vor dem Haus gab es einen Wasserrohrbruch und das Wasser wurde unerwartet abgestellt. Was benötigen Sie nun als Allererstes? Das **richtige Teil** ist zweifelsohne ein Handtuch. Und wann benötigen Sie es, wann ist also die **richtige Zeit** für dieses Handtuch? Jetzt, und zwar ziemlich sofort und auf der Stelle. Wo sollte sich das Handtuch befinden, was ist der **richtige Ort**? Am besten direkt neben der Dusche und nicht im Schlafzimmer, am anderen Ende des Flures. Wie viele Handtücher benötigen Sie, was ist die **richtige Menge**? Ein Herr kann sich möglicherweise mit einem kleinen Handtuch begnügen – eine Dame mit langen Haaren benötigt eher zwei Handtücher. Und in welcher Qualität wird das Handtuch benötigt, was ist hier die **richtige Qualität**? Es muss sauber sein, der eine möchte gern ein flauschiges Handtuch, dem anderen ist es egal, Hauptsache, es ist trocken.

Die Frage nach den 5 R's kann Ihnen bei der Analyse und Durchsicht Ihrer gesamten Prozesse behilflich sein. Auf diese Weise können Sie viele Hindernisse aus dem Weg räumen und auch Verschwendungen aufdecken.

Im Beispiel oben würde dies bedeuten, dass die Frage nach dem besten Platz für Handtücher lautet: im Badezimmer, in einem Schrank direkt neben Dusche oder Badewanne. Und nicht im Schlafzimmer, in einer Kommode neben dem Bett.

Auch im Arbeitsalltag sind die 5 R's hilfreich, wenn es um Informationen geht. Betrachten Sie Informationen als „Dinge" und Sie werden sehen, dass Doppelarbeiten, Nacharbeiten oder Kommunikationsprobleme auf diese Weise aufgedeckt werden können. Wenn E-Mails an zu viele Empfänger gesendet werden, sich von den Kollegen aber keiner berufen fühlt, die Arbeit zu erledigen. Oder Sie stundenlang Protokolle suchen, weil keiner diese gepflegt hat. Dann machen Sie sich auf die Suche, ob die richtigen Dinge zur richtigen Zeit am richtigen Ort zu finden sind und ob zu viel oder zu wenig davon vorhanden ist und die Qualität passt. Auch Meetings können hier einbezogen werden: müssen wirklich so viele Meetings stattfinden (die richtige Menge) und machen sie wirklich einen Sinn (die Qualität)?

Zurück zum Projektplan

Wie bereits erwähnt halten Sie die einzelnen Projektschritte anschließend grundsätzlich schriftlich fest und achten darauf, alle kleinen Teilschritte mit Datum und Zuständigkeit zu notieren. Natürlich benötigen Sie für Kleinprojekte mit drei Schritten nicht zwingend einen Projektplan, aber auch hier kann es Sinn machen. Wenn Sie zum Beispiel Ihre Website selbst neu schreiben wollen, kann dieser Plan aus zwei Schritten bestehen: 1. Texte neu aufsetzen, 2. Design überarbeiten. Am besten fügen Sie hier nämlich weitere Unterpunkte ein und terminieren fix, bis wann die Texte für welche Seite und Unterseite fertig geschrieben sein müssen. Und bis wann Sie die neuen Bilder besorgt haben, das Design ausgewählt haben und den Live-Start geplant haben. Auf diese detaillierte Weise geht Ihnen keine Zeit verloren, weil Sie Arbeiten vergessen. Denken Sie an jedes kleinste Detail, wenn möglich, denn oft sind es die kleinen Dinge, die Sie anschließend aufhalten.

Vergessen Sie aber nie, dass Sie nicht perfekt sein müssen! Denken Sie immer an die berühmte Pareto-Regel: in 20% der Zeit erledigen wir 80% der Dinge. Im Umkehrschluss bedeutet das: wenn die Website zu 80% fertig ist können Sie diese online stellen. Denn für die restlichen 20% werden Sie einen immens hohen Zeitaufwand benötigen, nämlich 80% der Gesamtzeit.

Viele machen den Fehler, Perfektionismus walten zu lassen und stellen die Website in diesem Fall noch nicht online. Außerdem hat man das früher gelernt. Allerdings waren früher die zu Hauf zu findenden „Under construction"-Website gemeint, die möchte heute auch niemand sehen. Wenn Sie aber eine Woche lang an Ihrer neuen Website gearbeitet haben und damit 80% fertig gestellt haben sollten Sie live gehen – bevor Sie noch weitere VIER Wochen an den restlichen 20% arbeiten. Das würde eine Ausfalldauer von insgesamt fünf Wochen bedeuten und das kann durchaus tödlich in der heutigen Zeit des Internets sein. Die letzten 20% können Sie jederzeit noch hinzufügen, natürlich! Sie sollten diese Rechnung jedoch beim Schreiben der Projektpläne im Kopf behalten und sich dessen bewusst sein.

Tages- und Wochenpläne

Neben den längerfristigen Projektplänen sollten Sie Ihrem Arbeitsalltag auch täglich eine schriftliche Struktur geben. Sie erinnern sich an das Kapitel mit den Routinen und Gewohnheiten und warum Sie diese effizienter arbeiten lassen.

Einen Tagesplan schreiben Sie entweder bereits am Abend vorher, damit Sie am nächsten Morgen nur noch auf der Liste schauen müssen, mit welchem Punkt Sie in den Tag starten. Oder, so wie es anderen Menschen lieber ist, verfassen Sie den Tagesplan am gleichen Morgen, damit Sie sich nicht am Vorabend mit den Gedanken des nächsten Tages befassen müssen und den Tag so entspannter ausklingen lassen können. Achten Sie in jedem Fall darauf, dass die Zeit, wann Sie diesen Plan schreiben zu Ihrem persönlichen Bio-Rhythmus passt!

Was in solch einem Tagesplan stehen sollte? Alle Aufgaben und Termine, die Sie sich für diesen Tag vorgenommen haben. Wichtig ist dabei, dass Sie neben der Aufgabe noch den zu erwarteten Zeitaufwand notieren! Denn das größte

Missverständnis, das oft zur Nichterledigung von Aufgaben führt, ist schlichtweg die falsche Einschätzung der zu erwarteten Zeitdauer. Planen Sie immer mehr Zeit ein, als Sie benötigen! Sollten Sie wider Erwarten doch pünktlich im Zeitplan liegen können Sie anschließend immer noch Aufgaben Ihrer „ewigen To Do"-Liste in Angriff nehmen.

Klassische Aufgaben für die „ewige To Do-Liste" sind Dinge wie: Das Lager aufräumen, Zeitschriften und Kataloge sortieren, Ordnerrücken neu beschriften, E-Mails-Postfächer leeren und sortieren, den Büromaterialienschrank ausmisten...

Neben dem Tagesplan können Sie noch einen Wochenplan führen, der einen groben Überblick über die wichtigsten Prioritäten enthält.

Wenn Sie dieses Buch bisher aufmerksam gelesen haben müssen Sie sich auch nicht fragen: „Wann soll ich denn DAS noch alles machen? Tagespläne schreiben?" – denn dann erinnern Sie sich an die Empfehlung der Morgenroutine. Die Sie für solche Aufgaben verwenden sollten. Wenn Sie im Rahmen Ihrer Morgenroutine fünf Minuten Zeit dazu verwenden, die Top 3-Prioritäten des Tages zu notieren, die Sie – siehe Kapitel 1 – gemäß Ihren Werten und Ihrem Anliegen den eigenen Zielen näherbringen, haben Sie keine Zeit verloren, sondern extra Zeit gewonnen! Denn dann starten Sie gut organisiert in jeden Arbeitstag, ohne dafür extra Zeit aus Ihrem ohnehin schon knappen Arbeitszeitbudget verwenden zu müssen.

Affirmationen zur Zielerreichung schriftlich fixieren

Nachdem wir nun über das Journalführen und das schriftliche Arbeiten im Arbeitsalltag gesprochen haben möchte ich Ihnen noch wärmstens ans Herz legen, die Affirmationen (Glaubenssätze) aus Kapitel 1 schriftlich festzuhalten.

Diese Affirmationen können durchaus eine DIN A4-Seite umfassen und sollten immer folgende Punkte beinhalten:

1. Was ist Ihre Mission, Ihr Anliegen?
2. Warum verpflichten Sie sich dieser Mission, was wollen Sie damit erreichen?
3. Was werden Sie konkret tun, um diese Mission zu erfüllen?
4. Abschließend eine definierte Vereinbarung mit sich selbst, dass Sie sich dieser Mission verpflichten, und dass Sie Ihr Ziel erreichen werden und zwar: egal, was auch immer passiert, Sie haben keine andere Wahl! Denken Sie wieder an Hernan Cortes, der seine Schiffe versenken ließ!

Formulieren Sie diese Punkte in ganzen, klaren Sätzen aus und schreiben Sie sie in ein Buch, das Sie stets zur Hand haben oder alternativ: drucken Sie zwei dieser Exemplare aus, das eine legen Sie neben Ihr Bett, das andere hängen Sie an einen Ort in der Wohnung, an dem Sie täglich vorbei gehen. Und dann lernen Sie diese Seite auswendig!

In Ihrer Morgenroutine ist es anschließend völlig ausreichend, sich diese Seite aus dem Gedächtnis JEDEN Tag laut vorzusprechen. Nach ein paar Tagen werden Sie merken, welche Macht hinter diesen geschriebenen Worten steckt.

Wenn Sie sich jeden Morgen vorsagen, warum Sie heute aufgestanden sind, was Ihr eigentliches Anliegen ist und was Sie heute dafür tun werden – und zusätzlich Ihrem Gehirn das Signal geben, dass es keine andere Option geben wird – dann werden Sie nicht umhinkommen, über kurz oder lang diese Mission auch zu erreichen! Wichtig ist dafür eben, dass Sie das Gesagte zuvor aufgeschrieben haben. Denn jeden Tag „so in etwa" diese wichtigen Sätze zusammenzubasteln macht keinen Sinn und führt Sie nicht zum Ziel.

Ein sehr gutes Buch hierzu ist die „Miracle Equation" von Hal Elrod. In diesem Buch finden Sie nicht nur eine komplette Vorlage für das Ausformulieren eigener Affirmationen, er geht auch im Detail auf die jeweiligen einzelnen Unterpunkte ein und erläutert pragmatisch und kurzweilig geschrieben, was sich dahinter verbirgt. Das Buch ist bisher leider nur in englischer Sprache erhältlich, dennoch sehr gut geschrieben und einfach zu lesen.

Ein weiterer positiver Effekt der täglichen Affirmationen ist, dass diese Ihnen bei der oben erwähnten Selbstdisziplin und Ihrem Durchhaltevermögen helfen werden. Das tägliche Aufsagen der geschriebenen Affirmationen wird Sie daran erinnern, nicht zu früh aufzugeben – daher ist die Formulierung „egal was passiert, es gibt keine andere Option!" so immens wichtig! Sollten Sie auf dem Weg zu Ihrem Ziel einmal eine Niederlage erlitten haben oder einen Rückschritt, so werden Sie nun nicht mehr die berühmte Flinte ins Korn werfen, sondern sich weiter an Ihre Vorhaben halten – denn Sie sagen es sich schließlich jeden Tag und Sie haben es schriftlich festgehalten!

Zuletzt verhelfen Ihnen gut formulierte Affirmationen und Glaubenssätze zu positivem Denken, neuer Energie und einer besseren Lebensqualität.

Dennoch gibt es zu bedenken, dass Sie natürlich stets Ihre Ziele im Blick behalten und von Zeit zu Zeit kritisch hinterfragen, ob das Geschriebene noch gültig ist. Passen Sie gegebenenfalls die Affirmationen an und ändern Sie Ihre „To Dos".

Ganz am Ende der Seite sollten Sie im Übrigen mit Datum und handschriftlicher Unterschrift die neuen Glaubenssätze besiegeln. Sie werden sehen, allein dadurch werden Sie sich selbst im buchstäblichen Sinne wert-voller!

Fazit zum Schreiben

Sie haben nun verschiedene Methoden des Schreibens kennengelernt, wissen um die Macht der schriftlichen Wörter und der positiven Eigenschaften.

Die wichtigsten Eigenschaften für Sie im Zusammenhang mit diesem Buch sind, dass Sie nichts vergessen auf Ihrem Weg zu mehr Zeit, dass Sie gleichzeitig Ihre Ziele generell wesentlich schneller erreichen werden, und dass Sie den Fokus darauf setzen, wertebasiert zu leben – also genau so, wie Sie es sich eigentlich wünschen.

I = INTEREST & INFORM

INTERESSIEREN
UND
INFORMIEREN

Willkommen im vorletzten Kapitel des L.U.D.W.I.G.-Prinzips! Während die letzten beiden Kapitel hauptsächlich dem Tun und der Umsetzung gewidmet waren kehren wir nun noch einmal an den Anfang des Prinzips zurück, dem L = Lernen.

In diesem Kapitel lernen Sie:

- warum lebenslanges Lernen eine existentielle Eigenschaft ist, wenn man im Leben mehr Zeit haben will,
- wie es um Ihre persönlichen Interessen bestellt ist,
- wie Sie effizient Ihren Horizont erweitern, und
- welche Literaturempfehlungen Ihnen helfen, Ihre Ziele noch schneller zu erreichen, gleich welcher Art.

Lebenslanges Lernen als Basis für Ihr Weiterkommen

Wer in seinem Leben etwas erreichen will – es sei dahingestellt ob beruflich, privat oder persönlich – muss sich über die Bedingungen, seine Ziele zu erreichen im Klaren sein.

Sie müssen sich informieren.

Wenn Sie planen, einen Marathon zu laufen und bisher schon bei einem 25 Meter-Sprint zum Bäcker völlig außer Atem sind dann werden Sie sich informieren, was Sie tun müssen, um zum Marathon-Läufer zu werden.

Mein persönliches Lieblingsbeispiel für lebenslanges Lernen ist die Geschichte der Gründung von Elon Musks Firma Space X. Neben dem Traum, den Mars zu besiedeln, hatte Elon Musk die damals wahnsinnige Idee, eine Rakete zu konstruieren, die nicht nur in das Weltall fliegen kann, sondern auch wieder zurückkommt und exakt dort landet, wo es vorgesehen ist. Er befragte die klügsten Raketenwissenschaftler und Physiker, doch diese lehnten die Idee alle ab. Es sei schlichtweg nicht

machbar. Da Musk sich nicht davon abbringen lassen wollte tat
er das für ihn einzig Richtige: er studierte selbst
Raketenwissenschaften und alles, was man wissen muss, um
eine Rakete zu bauen – mit dem Ergebnis, dass er als erster
Mensch auf der Welt eine Rakete konstruierte, die nach ihrem
Weltraumflug auf den Millimeter genau dorthin zurückkehrt
und landet, an dem es sich Herr Musk wünscht. Wohlgemerkt
auch dies erst nach unzähligen Fehlschlägen und Versuchen,
aber Sie erinnern sich sicherlich noch an das Unterkapitel der
Selbstdisziplin und des Durchhaltens...

Hier jedoch hatte er zunächst nichts anderes getan, als sich zu
informieren. Und natürlich hat er weiterhin die besten Physiker
und Wissenschaftler für diese Projekt mit im Team gehabt, denn
auch das ist eine seiner Stärken: er weiß, dass ein Mensch alleine
gar nicht alles wissen kann, was er wissen muss. Er braucht ein
Team, eine Mastermind-Gruppe, die seine Mission genauso
leidenschaftlich verfolgt und zum Ziel führen will, wie er selbst.

Fälschlicherweise gehen die meisten in der Annahme, dass sie
zu Schulzeiten und in der anschließenden Ausbildung lernen
müssen, um dem Beruf gerecht zu werden. Und nach dem
abgeschlossenen Studium oder der Ausbildung verzichten
tatsächlich auch viele darauf, sich weiterhin fortzubilden. Dabei
liegt doch gerade hier ein Schlüssel im persönlichen
Weiterkommen! Besonders im beruflichen Umfeld werden
zahllose Fortbildungen angeboten, oft auch von den
Arbeitgebern finanziert, sofern Sie angestellt sind. Dies kann von
Vorteil sein, denn als Selbstständiger müssen Sie sich auch da
wieder selbst darum kümmern. Was dazu führt, dass diese
Chancen oft ungetan vergeben werden.

Ja, wissenschaftlich erwiesen haben wir direkt nach dem
Schulabschluss den höchsten Stand an Allgemeinwissen
erreicht, den wir in unserem weiteren Leben
höchstwahrscheinlich nie wieder erreichen werden. Denn nach

der Schule spezialisieren wir uns. Wir lernen dann nur noch ausschließlich Dinge, die der Ausbildung dienen. Und wie bereits zu Beginn des Buches erwähnt ist dies auch nicht weiter dramatisch, denn ein großes Allgemeinwissen hilft Ihnen möglicherweise dabei, in der Sendung „Wer wird Millionär?" die nächste Million zu ergattern, doch wüssten Sie anschließend höchstwahrscheinlich nicht einmal, was Sie mit dem gewonnenen Geld clever anfangen sollen.

Lebenslanges Lernen bedeutet auch nicht, dass Sie „Schulisches Lernen" bis ins hohe Alter weiterverfolgen sollen. Die meisten Aufgaben in der Schule bestehen ohnehin aus Kurzzeitgedächtnis-Auswendiglernen.

Das lebenslange Lernen soll Sie weiterbringen und zwar so, dass es Ihnen Spaß bereitet und Ihnen hilft, Ihre Ziele zu verwirklichen! Ohne den Willen, sich stetig weiterzuentwickeln werden Sie tatsächlich buchstäblich stehen bleiben. Dann haben Sie keine Ziele, sondern Träume. Welchen Sie höchstwahrscheinlich ein Leben lang hinterherjagen, beziehungsweise die Sie leider nicht erreichen werden. Und so wird auch das Ziel, mehr Zeit zu finden, ein Traum bleiben.

Doch es gibt einen Weg aus dem Nicht-Lernen-Wollen, wenn Sie es schlichtweg anders verpacken, es sich selbst nicht als klassisches Lernen, das Sie aus der Schule kennen, verkaufen. Dazu benötigen Sie aber erst einmal die Klarheit, was genau Sie eigentlich interessiert, wofür Ihr Herz schlägt!

Eigene Interessen und die der anderen

Jetzt ist es vor allen Dingen wichtig, die eigenen Interessen erst einmal zu kennen! Nicht zu verwechseln mit Ihren Werten aus dem ersten Kapitel zeigen Ihre Interessen Ihre

Leidenschaften auf. Mit was beschäftigen Sie sich gerne, was sind Ihre Freizeitbeschäftigungen?

Gehen Sie an dieser Stelle einmal in sich, holen Sie Stift und Block und notieren Sie in Stichworten, was Sie eigentlich wirklich interessiert.

Und dann stellen Sie – ähnlich wie bei den Werten – eine Bilanz auf. Hinterfragen Sie, welche dieser Interessen Sie bereits aktiv verfolgen und welche eher „wenn ich nur, dann…"- Wunschträume sind. Wichtig dabei ist auch die Tatsache zu erkennen, welche Ihrer vermeintlichen Interessen überhaupt nicht Ihre eigenen sind! Besonders in Beziehungen oder Familien kommt es natürlicherweise vor, dass Sie Kompromisse eingehen und die Interessen der Anderen über Ihre eigenen stellen. Das ist bis zu einem gewissen Punkt selbstverständlich und genauso werden im Umkehrschluss sicherlich auch Ihre persönlichen Lieblingsthemen entsprechend in den Vordergrund gestellt. Dennoch ist es wichtig, dies auch einmal bewusst reflektiert zu sehen. Notieren Sie also in Ihrer Liste, welche Interessen Sie WIRKLICH haben. Und seien Sie bitte absolut ehrlich und durchaus detailgetreu. Wenn „Fernsehen schauen" ein durchaus zeitintensives Hobby ist, das Sie aber gerne ausüben dann notieren Sie das! Versuchen Sie möglichst viele Interessen und Hobbies zu notieren. Auch solche, die Sie gern tun würden, aber aus verschiedenen Gründen (der am häufigsten genannte Grund wird wohl Zeitmangel sein) nicht dazu kommen. Streichen Sie anschließend alle Dinge aus Ihrer Liste, die Sie nur Ihren Mitmenschen zu Liebe tun. Hier geht es nur um das Bewusstseinschärfen, nicht um Egoismus. Es heißt nicht, dass Sie diese Interessen in Zukunft nicht weiterverfolgen sollen, es soll nur Ihren Blick schärfen.

An dieser Stelle kommen nun Ihre Werte ins Spiel: vergleichen Sie nun Ihre Werte und Ihre Interessen: stimmen diese eigentlich überein? Helfen Ihre aktuellen Hobbies Ihnen, Ihre Werte zu leben? Machen diese Sie glücklich? Oder werden Sie möglicherweise von manchen Hobbies daran blockiert, Ihre wahren Träume zu verwirklichen? Manchmal blockieren uns tatsächlich auch andere Menschen, unsere Interessen zu leben und unsere Träume zu verwirklichen.

Wenn Sie Ihre Liste nun reflektiert haben können und dürfen Sie sich bewusst von den Interessen verabschieden, von den Sie merken, dass Sie diese tatsächlich nicht fortführen werden oder nicht fortführen wollen. Stattdessen ergänzen Sie die Liste um die Punkte, die Sie noch erleben wollen, die Sachen, die Sie noch erfahren wollen. Im Prinzip können Sie Ihr eigenes „1000 Dinge, die ich noch erleben will, bevor ich sterbe"-Buch schreiben. Es müssen ja bei weitem nicht 1000 Dinge sein, aber Sie verstehen, worauf ich hinaus will.

Erweitern Sie Ihren Horizont

Jetzt geht es darum, das lebenslange Lernen in die Praxis umzusetzen. Sie können schließlich nicht Ihren Job kündigen, nur um sich stetig fortzubilden. Und ich möchte auch nicht den Eindruck erwecken, dass es sich hier um ein Aufforderung zu „höher, schneller, weiter" handelt. Nein, genau wie bei der Ernährung, dem Sport und dem Arbeiten müssen Sie auch hier eine gute Balance finden. Nur dass diese Balance bei den meisten Menschen eben bisher aus dem Gleichgewicht geraten ist, weil das Lernen zum völligen Stillstand gekommen ist. Da werden dann beruflich bedingt, vom Arbeitgeber gezwungen, mehr oder weniger widerwillig zweitägige Fortbildungen besucht.

Gehen Sie nun aktiv an das Geschehen heran und prüfen Sie auf Ihrer Liste, was Sie konkret tun müssen, um das Wissen zu bekommen, dass Sie zur Erreichung Ihrer Träume und Ziele benötigen. Sie wollen ein Haus kaufen? Beschäftigen Sie sich mit dem Immobilienmarkt, den verschiedenen Arten der Anlage-

und Finanzierungsmöglichkeiten und den Versicherungen, sowie städtischen Auflagen. Ihr Ziel ist die Panamericana zu fahren? Lernen Sie Spanisch, finden Sie heraus, wie viel Geld die Reise kosten wird, welche Voraussetzungen dazu erfüllt sein müssen und wann Sie die Reise realistisch machen könnten. Sie wollen einfach nur Reich werden? Lernen Sie alles über Finanzen, Aktienanlagen und Vermögensaufbaustrategien!

Machen Sie nicht andere Menschen dafür verantwortlich, Ihre Ziele zu erreichen. Vermögensverwalter, Bankberater und Immobilienberater sind sicherlich im zweiten Schritt notwendig, aber im ersten Schritt müssen Sie sich selbst für diese Themen interessieren. Damit vermeiden Sie auch, dass Ihnen die Berater Dinge verkaufen, von denen Sie keine Ahnung haben.

Um sich neues Wissen anzueignen haben Sie verschiedene Möglichkeiten. Es ist sehr einfach, Sie nutzen schlichtweg diese drei Sinne:

1. Sprechen
2. Hören
3. Lesen

1. Sprechen: suchen Sie sich ein Team

Gehen Sie unter die Leute, lernen Sie neue Menschen kennen. Überlegen Sie ganz eigennützig, wen Sie kennenlernen müssten, um Ihre Ziele zu erreichen. Jim Rohn hat einmal gesagt: „Du bist der Durchschnitt der 5 Menschen, mit denen du die meiste Zeit verbringst." Das bedeutet auch, Sie sollten sich einmal die Zeit nehmen und darüber nachdenken, mit wem Sie derzeit die meiste Zeit verbringen. Zeichnen Sie dazu fünf Kreise auf ein Blatt Papier und notieren Sie die Namen der Personen dazu. Und dann reflektieren Sie: was verbindet Sie mit diesen Menschen, wie fühlen Sie sich in ihrer Nähe? Jetzt ist es wichtig, dass Sie sich ebenso ganz bewusst machen, mit welchen Menschen Sie mehr Zeit verbringen müssten, um Ihre eigentlichen Träume, Wünsche und Ziele zu erreichen? Denn mit diesen können Sie über Ihre Vorhaben sprechen. Sie werden Ihre Träume verstehen und Sie dabei ermutigen und unterstützen. Suchen Sie aktiv nach diesen Menschen!

Im beruflichen Umfeld kann dies ebenso ein Mentor oder geschätzter Kollege sein, im privaten Umfeld finden sich gerne neue Freunde oder Nachbarn, Bekannte.

Sprechen Sie über Ihre Wünsche und die Dinge, die Sie in Ihrem Leben verändern wollen! Wenn Sie gemäß dem Buchtitel mehr Zeit im Leben haben wollen, suchen Sie ganz bewusst den Kontakt zu Menschen, die bereits so leben, wie Sie das gerne wollen. Bei denen Sie das Gefühl haben, dass diese ihr Leben im Griff haben, besser organisiert sind, erfolgreich und glücklich. Und dann fragen Sie nach, was diejenigen getan haben oder aktiv tun, um dieses Leben zu führen!

Ein Mensch allein vermag kaum seine großen Visionen zu verwirklichen – Sie brauchen ein Team um sich herum. Manche bezeichnen dieses Team auch als „Mastermind"-Gruppe, womöglich haben Sie diesen Begriff bereits einmal gehört. Wie vorhin bereits erwähnt hat Elon Musk zum Bau seiner zurückkehrenden Rakete ein ganzes Team aus den besten Raketenwissenschaftlern eingestellt. Auch heute noch arbeiten in seinen Firmen die fähigsten und klügsten Ingenieure, teils zu enormen Ablösesummen. Weil er sich bewusst ist., dass auch er nicht alles wissen kann und er darüber spricht. Er macht keinen Hehl daraus, mit anderen über die eigenen Defizite zu sprechen.

Manchmal bedeutet dies freilich, dass Sie sich von alten Freunden, auch Familienangehörigen trennen müssen. Nun ja, nicht im eigentlichen Sinne, es kann aber sein, dass Sie feststellen, dass einige Menschen nicht mehr zu den 5 Personen gehören sollten, mit denen Sie die meiste Zeit verbringen. Grämen Sie sich nicht darüber und fühlen Sie sich bitte nicht schlecht. Denn auch die Erkenntnis, dass es sich nun einmal um Ihr eigenes Leben handelt gehört dazu. Und Sie haben nur dieses eine Leben.

Zusammengefasst: Schauen Sie genau hin, sprechen Sie mit neuen Kollegen, entfernten Bekannten, intensivieren Sie bisher lockere Bekanntschaften zu den Menschen, von denen Sie glauben, diese könnten Sie auf Ihrem Weg positiv beeinflussen und begleiten. Legen Sie die Scheu ab, neue Menschen kennenzulernen und seinen Sie offen für diejenigen, die Ihnen auf Ihrem Weg begegnen. Vielleicht haben Sie auch bereits die ein oder andere Person im Hinterkopf, die Sie gerne kennenlernen möchten? Dann überlegen Sie sich, wie Sie ein Treffen arrangieren könnten!

So esoterisch dies an dieser Stelle nun klingen mag: Sie können sich auch ohne Weiteres eine fiktive Mastermind-Gruppe zusammenstellen. Früher gab es manchmal diese Armkettchen, auf denen die Buchstaben WWJD zu lesen waren. „What would Jesus do?" lautete die Frage und Millionen Menschen fragten sich in Notsituationen, Krisen oder anderen schwierigen Momenten des Lebens: „Was würde Jesus tun?". Stellen Sie daher für sich selbst einen imaginären Beraterstab zusammen, durchaus aus Menschen, die Sie nie im Leben kennenlernen werden. Dazu gehören beispielsweise bereits verstorbene Politiker, Wissenschaftler, Künstler, große Dichter und Denker. Und dann sprechen Sie mit diesen! Sie haben ein Problem zu bewältigen und finden keine Lösung? Bevor Sie abends einschlafen schließen Sie die Augen und stellen Sie sich vor, wie Sie mit Ihrem Beraterstab dieses Problem erläutern und diskutieren. Spielen Sie mit kreativen Gedanken! Versuchen Sie, die einzelnen Teilnehmer zu Wort kommen zu lassen und sprechen Sie mit Ihnen! Sie werden überrascht sein, wie pragmatisch oder unspektakulär schnell Sie entsprechende

Antworten erhalten werden. Teilen Sie sich mit, und auch hier werden Sie feststellen, dass Sie viel klarer in Ihren Antworten werden. Oder auch in den einzelnen Fragestellungen. Auf jeden Fall wird Sie das Sprechen mit diesen wichtigen Personen definitiv voranbringen und Lösungsansätze zum Vorschein bringen, an die Sie vorher nicht unbedingt gedacht hatten.

Meine persönliche Mastermind-Gruppe besteht zum Beispiel aus wenigen geschätzten Unternehmerkollegen, dem *Miracle-Morning*-Autor Hal Elrod, dem *Think and grow rich*-Autor Napoleon Hill, der fiktiven Marvel-Persönlichkeit Tony Stark, dem innovativen Unternehmer Elon Musk und der ambitionierten Facebook-Chefin Sheryl Sandberg. Manchmal nehmen noch andere Personen an unseren „Sitzungen" teil, mal sind es mehr, mal sind es weniger. Hal Elrod und Napoleon Hill erscheinen grundsätzlich als erste und reden gerne am meisten, sie sind meine Motivatoren in den Momenten, in denen ich mich wieder einmal frage, ob ich auf dem richtigen Weg bin oder an meinen Projekten oder Ideen zweifle. Wenn mir der Atem ausgeht und ich den berühmten Silberstreif am Horizont nicht mehr erkennen sind es Hill und Elrod, die mich zum Durchhalten bewegen und mir Mut machen, nicht stehen zu bleiben. Wobei Elrod hier der eher freundlichere Herr ist, während Hill doch recht resolut in seinem Erscheinungsbild auftritt. Bei ihm gibt es die Phrasen „Ich kann das nicht", „Ich weiß nicht" und „Ich habe keine Lust" definitiv nicht. Elon Musk ist meist recht pragmatisch und kurz angebunden. Wenn er um eine Antwort gebeten wird beginnt diese meist mit den Worten „It's that easy, you just have to…". Sheryl Sandberg ist sehr kritisch und nicht zimperlich, sie fordert gern viel und macht mich stets darauf aufmerksam, das Ziel nicht aus den Augen zu verlieren und die Projekte so zu planen, dass keine Zwischenschritte vergessen werden. Und Tony Stark hält zwar nicht viel von den anderen Persönlichkeiten, lässt mich aber das ganz große übergeordnete Ziel nicht vergessen: dass es eigentlich darum geht, wie ich möglichst viele Menschen mit meinem Konzept erreichen kann und Ihnen helfe, der sinnlosen Verschwendung von Lebenszeit Einhalt zu gebieten. Denn für Tony Stark ist Verschwendung ein absolutes No Go, besonders von wertvoller Zeit. Meine Unternehmerkollegen behalten stets die aktuelle Situation im Blick. Diese kann ich sogar tatsächlich im Ernstfall „in der Realität" befragen, denn diese Kollegen stellen ausnahmsweise keine fiktiven oder entfernten Persönlichkeiten da, sondern sind per Telefon oder persönlich erreichbar.

Kreieren Sie Ihre ganz eigene Gruppe um sich herum und nutzen Sie diese Menschen, um Antworten zu erhalten. Ob Sie diese täglich, wöchentlich oder nur zu bestimmten Anlässen zusammenrufen sei dahingestellt.

Reden Sie mit diesen Leuten! Fragen Sie um Rat! Denn nur wer um Rat fragt, dem kann geholfen werden.

2. Hören: Fort- und Weiterbildungen

Eine zweite Möglichkeit, die eigenen Interessen zu vertiefen und sich zu informieren sind Fort- und Weiterbildungen. Sobald wir die schulische Laufbahn verlassen haben hören wir freiwillig kaum noch Menschen zu, die uns weiterhelfen könnten.

Obwohl diese Möglichkeiten nicht gerade „modern" in den Ohren mancher Mitmenschen klingen sind sie doch geradezu banal: in fast jeder größeren Stadt gibt es Volkshochschulen, die zahlreiche Kurse und Fortbildungen zu unzähligen Themen anbieten. Nutzen Sie diese Gelegenheit und besuchen Sie diese Kurse! Für den Einstieg sind diese zudem eine sehr kostengünstige Variante. Denn sich weiterzubilden ist definitiv keine Frage des Geldes, sondern der inneren Einstellung!

Auch die Stadtbibliotheken bieten oft interessante Veranstaltungen an, die inhaltlich sehr wertvoll sind. Denn die Stadtbibliotheken haben allein schon von Staats wegen den Bildungsauftrag, allen Menschen in unserem Land einen kostenfreien Zugang zu Information zur Verfügung zu stellen. Bibliotheken sind wahre Wissenstempel!

Wenn Sie an einem Thema Gefallen gefunden haben oder dieses vertiefen wollen steht Ihnen nichts im Wege, ein Studium dazu zu beginnen. Ob an Fernuniversitäten oder vor Ort. Auch hier gibt es verschiedenste Modelle und natürlich ist diese Art der Fortbildung nicht mehr so kostengünstig. Je nachdem, was Ihr großes Anliegen ist lohnt es sich aber definitiv, darüber nachzudenken.

Im beruflichen Kontext werden Ihnen ebenfalls oft Weiterbildungen angeboten, die meisten Menschen nutzen diese Chance nur leider nicht. Viel zu oft haben Sie noch die ungemütliche Schulzeit vor Augen. Hätten diese allerdings zu Schulzeiten gelernt, dass Lernen Spaß machen kann und die Neugier an neuen Dingen bewahrt, würden Sie als Erwachsene Jahrzehnte später keine Scheu haben, bereitwillig neue Dinge zu lernen. Unser Gehirn ist nicht zum Stillstand gemacht, es will und darf sich weiterentwickeln! Mittlerweile weiß jeder von uns, dass altersbedingte Krankheiten oft verbessert oder sogar verhindert werden können, wenn wir unseren Gehirnmuskel nur ausreichend trainieren – und zwar ein Leben lang!

Seien Sie mutig und hören Sie zu!

Ob Kurse, Vorlesungen oder Vorträge, ob mit 15 anderen Teilnehmern oder 1500 anderen Menschen: hören Sie den Menschen zu, die etwas zu sagen haben, was für Sie interessant sein könnte! Auch wenn Sie glauben, Sie wüssten schon alles: sie werden immer wieder neue Impulse erhalten, die Sie weiterbringen. Sie können sich vorstellen, wie es ist, einen

Fernsehfilm mehrmals anzuschauen. Beim ersten Mal schauen Sie den Film unbedarft und neugierig. Beim zweiten Mal erinnern Sie sich bereits an einige Szenen. Ab dem dritten Mal werden Sie Szenen bemerken, die Ihnen beim ersten Anschauen überhaupt nicht aufgefallen sind! Nicht unüblich sind dies tatsächlich wichtige Schlüsselszenen, Hinweise auf andere Filme oder Charaktere, die der ganzen Szenerie auf einmal einen ganz anderen Sinn verleihen.

Denselben Effekt erzielen Sie, wenn Sie einen Kurs oder einen Vortrag mehrmals besuchen. Natürlich müssen Sie hier Ihren gesunden Menschenverstand walten lassen. Es gibt Kurse, da lernen Sie tatsächlich nichts Neues, weil der Inhalt so allgemein gehalten ist oder der Vortragende den Kurs im Standardformat abhält und nichts Neues mehr hinzufügt.

Ich persönlich erzähle in meinen Vorträgen gerne Geschichten und wechsle diese ständig. Auf diese Weise kann ich garantieren, dass Sie nie denselben Inhalt wie in den anderen Kursen erhalten werden. Die Grundstruktur ist dieselbe, denn der Kursinhalt hat schließlich immer dasselbe Ziel. Wie ich diesen vermittle kann aber durchaus variieren. Manchmal ergeben sich sogar durch die Arbeit mit den Teilnehmern spontan neue Geschichten und Impulse, die Sie als Referent clever in den nächsten Kurs einbauen können. In diesem Fall gilt für Sie als Referent: Sie müssen nur zuhören!

Seine Sie offen für Neues und suchen Sie von sich aus Möglichkeiten, an interessanten Kursen und Seminaren teilzunehmen!

3. Lesen: die guten alten Bücher

Die dritte Möglichkeit, sich zu jeder Zeit weiterzubilden ist das Lesen von Büchern. Ich empfehle tatsächlich das eigenständige

Lesen und nicht das Vorlesen lassen von Hörbüchern. Hörbücher eignen sich natürlich besonders gut für lange Autofahrten oder Reisen, bei denen es unmöglich ist, ein gutes Buch zur Hand zu nehmen. Sie sollten allerdings nicht als Ausrede verwendet werden, weil man das Buch dann so schneller „durchhat".

In vielen Haushalten stapeln sich allerdings die ungelesenen Bücher und jeder von uns hat das berühmte Bücherregal mit den „die lese ich, wenn ich Zeit habe"-Büchern. Meist handelt es sich hier um Romane oder andere Erzählungen. Diese Bücher können Sie gerne zur Entspannung zwischendurch, vor dem Schlafengehen, im Urlaub lesen, aber legen Sie nicht allzu viel Wert darauf. Diese Bücher eignen sich durchaus, um den eigenen Wortschatz zu vergrößern oder die Fantasie anzuregen. In den allermeisten Fällen muss man sich aber fairerweise eingestehen, dass diese Bücher lediglich eine Flucht aus dem Alltag sind. Es fühlt sich nur wesentlich intellektueller und nicht so stupide an wie Fernsehen. Das Ziel ist dasselbe: sich nicht mit sich selbst beschäftigen zu müssen, in andere Welten fliehen. Aber macht Sie dieses Verhalten wirklich glücklich? Ist Ihr Leben so furchtbar, dass Sie sich in anderen Welten verstecken müssen?

Verstehen Sie mich bitte nicht falsch: ich habe Bibliothekswesen studiert, bin tatsächlich eine der letzten Diplom-Bibliothekarinnen, bevor dieser Studiengang ebenfalls in einen Bachelor umbetitelt wurde. Ich liebe Bücher und besitze selbst in meinem Wohnzimmer ein zwei Meter breites Regal und ja, davon sind die Hälfte Romane! Erzählungen! Prosa! Die andere Hälfte besteht aus diversen Sachbüchern. Backbücher (ich liebe Backen), Bücher über die Stadt Stuttgart und Baden-Württemberg, ein kompletter Brockhaus, Bücher über Astronomie (seit ich im zarten Alter von 41 das Hobby der Sternkunden für mich entdeckt habe), ein paar wenige Pflanzen- und Gartenbücher, Handarbeitsbücher und ein paar Exemplare aus der DUDEN-Reihe. Dazu eine Handvoll

Autobiographien. Und zahlreiche Titel über Finanzen, Persönlichkeitsentwicklung, den menschlichen Geist, sowie (ich bin Mutter) Kindererziehung und Gesundheitsratgeber, falls sich wieder einmal ein Kind mit Bauchschmerzen, verstauchten Knöcheln oder Kopfweh meldet. Als Mutter sind Sie schließlich meist gleichzeitig Hobby-Medizinerin. In meinem Elternhaus befindet sich eine eigene Bibliothek mit einem Flügel aus Nussbaumholz in der Mitte des Raumes.

Ich möchte Ihnen damit sagen, dass ich durchaus um den Wert von Büchern weiß und daher ist mir dies ein besonderes Anliegen.

Denn Sie müssen sich folgendes bewusst machen, und zwar egal, ob Sie einfach nur mehr Zeit im Leben haben möchten oder mehr Platz oder sich von alten Glaubenssätzen lösen wollen. Merken Sie sich die Sätze:

Ja, Sie dürfen Bücher wegwerfen!

Nein, Sie werden die Bücher nicht mehr lesen!

Da diese beiden Aussagen sehr rigoros klingen möchte ich sie kurz erklären – und Ihnen einen pragmatischen Lösungsansatz mit auf den Weg geben!

Bücher wegwerfen ist für viele unter uns unvorstellbar. Werfen Sie aber einen Blick in die aktuellen Zahlen, wie viele Bücher jemals gedruckt wurden, die teilweise nicht einmal das Papier wert waren, auf dem sie gedruckt wurden würden Sie möglicherweise anders argumentieren. Um dieses Urteil aber nicht ganz so hart wirken zu lassen: viele, wirklich viele Bücher lassen sich noch sehr gut verschenken. Manche sogar auf dem Gebrauchtwarenmarkt verkaufen. Wenn Sie aber jemals versucht haben, in einem der zahlreichen Online-Buchankaufsläden Ihre Bücher zu veräußern werden Sie festgestellt haben, dass diese kaum nennenswerte Erlöse erzielen. Das liegt daran, dass Sie tatsächlich nicht der Einzige sind, der dieses Buch besitzt. Der Medicus von Noah Gordon mag ein sagenhaftes Buch sein, auch in meinem Regal werden Sie es finden. Sie werden es jedoch nicht einmal für 10 Cent verkaufen können. Weil es in nahezu jedem Haushalt vorhanden ist. Reiseführer, Wörterbücher, Kochbücher – sind nahezu unverkäufliche Werke. Die erste Möglichkeit, ausrangierte Bücher loszuwerden ist also – neben dem Verkaufen – das Verschenken. Stellen Sie die Kiste mit den Büchern vor Ihre Haustür an die offene Straße. Und siehe da, vielleicht läuft ein jüngerer Mensch vorbei, der noch nie den *Medicus* gelesen hat, aber schon viel davon gehört. Und schon hat dieses Buch einen würdevollen Platz gefunden! Ich garantiere Ihnen – die Angelique-Romane und sämtliche Werke von Johannes Mario Simmel werden noch eine Woche später vor Ihrer Haustüre stehen. Und diese Bücher dürfen weggeworfen werden. Ohne Reue und ohne schlechtes Gewissen.

Punkt 2: Sie werden die ungelesenen Bücher kaum noch alle lesen. Es ist eine einfache mathematische Rechnung: wenn Sie acht Stunden am Tag lesen werden Sie pro Woche, sagen wir sehr optimistische, drei Bücher lesen. Wären 12 Bücher pro Monat, in Summe also 144 Bücher pro Jahr. Wenn Sie ausschließlich lesen würden, jeden Tag! In ein Standardbücherregal mit 80cm Regalbreite und sechs Böden passen durchschnittlich 250 Bücher. Sie würden also in einem Jahr gerade einmal etwas mehr als die Hälfte dieses Regals lesen können. Jetzt haben aber die wenigsten von uns weder Zeit noch Muße, durchgehend acht Stunden am Tag zu lesen und so schaffen wir vielleicht zwei Stunden pro Woche. Bei drei Büchern in 40 Stunden Lesezeit benötigen Sie also durchschnittlich 13 Stunden für ein Buch. Wenn Sie zwei Stunden pro Woche lesen benötigen Sie also 6,5 Wochen für ein Buch. Anders formuliert: Für die oben genannten 144 Bücher benötigen Sie 1.872 Stunden. A zwei Stunden die Woche = 936

Wochen = 18 Jahre. Wenn Sie also die nächsten 18 Jahre zwei Stunden pro Woche lesen schaffen Sie knapp über die Hälfte EINES Bücherregales.

Und nun fragen Sie sich bitte nochmals: meinen Sie wirklich, dass Sie all diese Bücher noch lesen werden?

Bevor Sie nun die Lust am Lesen verlieren – denn wir erinnern uns: Lesen ist wichtig für Ihr lebenslanges Lernen – gebe ich Ihnen ebenfalls eine recht pragmatische Lösung an die Hand, eigentlich sogar drei Lösungen.

Erstens: kaufen Sie keine Bücher mehr! Lassen Sie sich bewusst zu Weihnachten und zum Geburtstag Bücher schenken, denn wir lesen alle gern einmal ein gutes Buch und auch einen guten Roman. Aber kaufen Sie sich bewusst keine Bücher dieser Art mehr. Auch wenn Sie ein Vielleser sind kann dies für Sie von Vorteil sein, denn dann sparen Sie sich Lagerplatz. Beziehungsweise Platz in den Regalen. Nutzen Sie die Stadtbibliotheken und durchaus gerne die oben erwähnten Geschenk-Kisten, nur eben anders herum. Wenn Sie ein interessantes Buch finden, nehmen Sie es mit und verschenken Sie es gern nach dem Lesen an den Nächsten weiter.

Zweitens: ändern Sie die Art Ihrer Literatur. Das mag für den ein oder anderen zuerst etwas befremdlich klingen. Versuchen Sie, statt belletristischer Literatur Fach- und Sachbücher zu lesen. Auch diese können sehr kurzweilig geschrieben sein, je nach Thema natürlich. Wenn Sie aber einmal ein Buch von Werner Tiki Küstenmacher gelesen haben werden Sie mir beipflichten, dass auch Sachbücher keine trockene, schwere Kost sein müssen.

Drittens: bauen Sie das Lesen in Ihre Morgenroutine ein! Wenn Sie täglich in Ihrer Morgenroutine nur zehn Minuten in einem Fachbuch lesen, das Ihrer Weiterbildung dient, haben Sie allein mit diesem morgendlichen Ritual in jeder Woche über eine

Stunde lang gelesen. Das ist weit mehr, als viele Ihrer Mitmenschen bereit wären! Ich persönlich lese morgens und abends – morgens die Fachbücher, abends die „leichte Kost", da darf es gern ein Buch von Jane Austen oder ein Kriminalroman sein. Selbst im Urlaub habe ich immer Bücher beider Kategorien dabei. Es geht schließlich nicht darum, schneller, höher, weiter zu leben – mein Ziel für Sie ist ein entspannteres und kein stressigeres Leben! Daher ist das Weiterbilden so wichtig und sollte möglichst stressfrei in Ihren Tagesablauf eingebaut werden. Die Entspannung darf aber nicht vergessen werden und soll so ebenfalls ihren Platz finden. Denn wer im Dauermodus auf Hochtouren läuft hat nichts gewonnen, sondern brennt irgendwann aus.

Mein Rat: versuchen Sie es, probieren Sie aus, welche Art von Literatur Ihnen noch liegt, was Sie gerne lesen (außer den bisherigen Büchern). Vielleicht können Sie statt der Belletristik auch einmal mit Biographien und Autobiographien beginnen? Diese sind meist sehr kurzweilig geschrieben, ähnlich eines Romanes, können Ihnen inhaltlich aber einen ganz anderen Gegenwert vermitteln.

Literaturtipps

An dieser Stelle möchte ich Ihnen einige wenige Literaturtipps an die Hand geben von Büchern, die Ihnen auch bei der Umsetzung der im Kapitel „D = Do" beschriebenen Maßnahmen weiterhelfen können.

Unbedingt empfehlenswert sind folgende Bücher, diese sollten Sie definitiv gelesen haben, wenn Sie mehr Zeit im Leben haben wollen. Meines Erachtens können Sie sich anschließend sogar die meisten anderen der Persönlichkeits- und Managementbücher sparen. Diese drei Bücher beinhalten in meinen Augen nahezu alles, was Sie wissen müssen:

Miracle Morning: Die Stunde, die alles verändert
(Hal Elrod). 2016. Irisiana. ISBN: 978-3424153118

In diesem Buch erfahren Sie tatsächlich alles, was Sie über eine gut funktionierende Morgenroutine wissen müssen. Wenn Sie den berühmten Miracle Morning umsetzen haben Sie allein schon bis zu drei Stunden Zeit am Tag gespart. Sie leben bewusster, effizienter, kraftvoller und motivierter! Der Miracle Morning kann leicht und sofort von jedermann erlernt werden. Es gibt zahlreiche spezialisierte Ausgaben dieses weltweit führenden Bestsellers und eine aktive Gemeinschaft, die sich über eine Facebook-Gruppe organisiert hat.

Think and Grow Rich – Deutsche Ausgabe: Die ungekürzte und unveränderte Originalausgabe von Denke nach und werde reich von 1937
(Napoleon Hill). 2018. FinanzBuch Verlag. ISBN: 9783959721714

Ebenfalls an der Spitze der Weltliteratur steht seit 1937 Napoleons Erfolgsbuch „Denke nach und werde reich". In 13 Schritten erklärt er, wie man nicht nur seine finanziellen Ziele im Leben erreichen wird. Eigentlich ganz einfach. Dennoch ist dieses Buch ein Meilenstein in der Persönlichkeitsentwicklung und wird Ihnen die Augen öffnen, sofern noch nicht geschehen. Nicht vergessen sollte man das Verfassungsjahr – manchen Kapiteln merkt man das Alter dann doch an, aber mit ein bisschen gesundem Menschenverstand werden Sie diese Kapitel in die „Neuzeit" ohne Weiteres übertragen können.

simplify your life: Einfacher und glücklicher leben
(Werner Tiki Küstenmacher). 2016. Campus Verlag. ISBN: 978-3593394497

Auf dem deutschsprachigen Markt gestartet, mittlerweile weltweit überliefert ist der „Life-Management"-Klassiker simplify your life. In anschaulichen Kapiteln hilft Küstenmacher Ihnen, sich von Dingen zu trennen, die Sie nicht mehr benötigen und Ballast im Leben zu reduzieren. Ein bedeutendes Werk, wenn es um das Gewinnen von Zeit im Leben geht! Sehr humorvoll und kurzweilig geschrieben, mit zahlreichen seiner für ihn typischen Zeichnungen ausgestattet bekommen Sie hier ein absolut pragmatisches und sofort umsetzbares Buch an die Hand.

Außerdem empfehlenswert und erweiternd sind folgende Bücher, die – wenn man es streng betrachtet – die Inhalte der ersten drei Bücher auch nur in der ein oder anderen Form wiederholen, dennoch ab und zu auch noch weitere vertiefende Anregungen bieten. Sie werden das Lesen nicht bereuen, denn jedes der nachfolgenden Bücher schärft Ihre Sinne auf dem Weg zu mehr Zeit:

The Miracle Equation: You Are Only Two Decisions Away From Everything You Want
(Hal Elrod). 2019. John Murray Learning. ISBN: 978-1473695931. Englisch.

Die Fortsetzung von Elrods „Miracle Morning" befasst sich besonders mit Affirmationen und dem Glauben an sich selbst. Es ist äußerst hilfreich, wenn Sie mit den Themen „Selbstdisziplin und Durchhaltevermögen" noch Verbesserungsbedarf haben. Darauf liegt der Schwerpunkt dieses Buches, was leider bisher nur in englischer Sprache erschienen ist (Stand Februar 2021).

Wie ich die Dinge geregelt kriege: Selbstmanagement für den Alltag
(David Allen). 2015. Piper Taschenbuch. ISBN: 978-3492307208

Getting things done lautet der Originaltitel dieses Bestsellers. Allen gibt Ihnen ein komplettes System an die Hand, wie Sie Vorgänge – ob privater oder beruflicher Natur – effizient geregelt kriegen. Es werden Lösungen vorgestellt, wie Sie mit den Papierbergen zu Hause und im Büro umgehen können, wie Sie Dinge nicht mehr vergessen und sich schlichtweg selbst besser organisieren können. Dieses Buch ist all denjenigen zu empfehlen, die das Gefühl haben, dass Sie mehr Zeit für sich gewinnen könnten, wären sie doch nur besser organisiert!

Limbi: Der Weg zum Glück führt durchs Gehirn
(Werner Tiki Küstenmacher).2016. Knaur Taschenbuch. ISBN: 978-3426788134

Den meisten von uns eher als „innerer Schweinehund" bekannt ist das limbische System des Gehirns. Warum wir manchmal Dinge wollen, aber nicht umsetzen können erklärt uns Küstenmacher mit Hilfe von LIMBI. Er erklärt uns, wie wir Limbi dazu verhelfen, die Dinge endlich umzusetzen. Ob es Aufräumen, Abnehmen oder Arbeiten ist – in so vielen Bereichen ist unser Glück von unserem limbischen System abhängig.

Lean Management für Familien: Mehr Zeit, mehr Geld – ohne Verzicht
(Frau Ordnung). 2020. Bod. ISBN: 978-3751932325

Die modernen Regeln der „schlanken Unternehmensführung" übersetzt für den eigenen Haushalt. Wie Sie Wohnung und Seele von Ballast befreien, Familie und Beruf unter einen Hut kriegen und gleichzeitig sich selbst nicht verlieren. Das Buch gibt praktische Handlungsanweisungen und enthält zusätzlich ein Ein-Jahres-Programm zur effizienten Umsetzung der theoretischen Kenntnisse.

Die Psychologie der Superreichen: Das verborgene Wissen der Vermögenselite
(Rainer Zitelmann). 2017. FinanzBuch Verlag. ISBN: 978-3959720113

Ein sehr spannendes Buch, das sich mit den Eigenheiten und ganz persönlichen Eigenschaften reicher Selfmade-Millionäre beschäftigt. Dr. Dr. Zitelmann befragte nicht nur 45 Reiche zu den klassischen Big Five-Persönlichkeitseigenschaften, sondern schlussfolgert in seinem Buch auch darüber, ob man gewisse Eigenschaften in die Wiege gelegt bekommen sollte, welche man notwendigerweise auf dem Weg zum Reichtum erlenen sollte und ob einem normalen Menschen der Weg verwehrt bleiben wird – oder sich durchaus Chancen bieten könnten.

Wer als Lebensziel den finanziellen Reichtum anstrebt dem sei dieses Buch uneingeschränkt ans Herz gelegt!

What Got You Here Won't Get You There: How successful people become even more successful
(Marshall Goldsmith). 2013. Profile Books Ltd; Export/Airside Edition. ISBN: 978-1781251560. Englisch.

Goldsmith stellt die These auf, dass – wollen Sie im Erwachsenenalter einen Traum erreichen – Sie höchstwahrscheinlich nicht auf demselben Wege dorthin gelangen, der Sie ans bisherige Ziel gebracht hat. Ihr Studium oder Ihre Ausbildungen haben Sie dorthin geführt, wo Sie nun stehen. Doch wird es Ihnen auch helfen, Ihre zukünftigen Ziele zu erreichen? Laut Goldsmith Nein und so lernen wir zu unterscheiden, welche Dinge, die uns bisher begleitet haben wohl nicht mehr auf dem Weg in die Zukunft bei uns sind.

Oh, wie schön ist Panama: Die Geschichte, wie der kleine Tiger und der kleine Bär nach Panama reisen
(Janosch).2004. Beltz & Gelberg. ISBN: 978-3407760067

Eigentlich ein Kinderbuch ruft uns diese Geschichte in Erinnerung, dass das Gras auf der anderen Seite nicht immer grüner ist, als man glaubt. Gehen Sie auf die Reise mit Tiger und Bär, die sich auf die Suche nach Panama begeben... um am Ende tatsächlich das Land Ihrer Träume zu finden. Uns Erwachsenen hält diese Geschichte gern den Spiegel vor, wenn man sich wieder gern auf der anderen Seite des Zaunes sehen würde, dort wo immer alles besser ist. Sehr humorvoll zu genießen!

The Yummy Mummy's Survival Guide
(Liz Fraser). 2007. HARPERCOLLINS PUBLISHERS LTD. ISBN: 978-0007213443. Englisch.

Ein modern geschriebener Ratgeber speziell für Mütter und solche, die es werden wollen. Zu empfehlen, weil in der gängigen Ratgeberliteratur meist viele Dinge schöngeredet werden. Besonders pragmatisch geschrieben kann Fraser durchaus die ein oder andere Work-Life-Balance-Krise der Mütter verhindern. Auf dem Weg zur unterhaltsamen Selbstfindung durchaus zu empfehlen, besonders starken Frauen, die gern selbst erst einmal an sich arbeiten wollen, bevor sie sich bei anderen beklagen.

Rich Dad Poor Dad: Was die Reichen ihren Kindern über Geld beibringen
(Robert T. T. Kiyosaki). 2014. FinanzBuch Verlag. ISBN: 978-3898798822

Ein Klassiker der Finanz- und Vermögensliteratur. Kiyosaki erklärt nicht nur den Unterschied zwischen Angestellten, Selbstständigen, Unternehmern und Investoren – er vermittelt in seinem Lebensroman eindringlich die Unterschiede zwischen den Denkweisen reicher und armer Menschen. Sollten Ihre Träume und Ziele auch nur ansatzweise mit Finanzthemen zu tun haben ist dieses Buch eine Pflichtlektüre.

Diese Liste erhebt keinen Anspruch auf Vollständigkeit. Generell sind Bücher zu den Themen Finanzen, Vermögensaufbau, Persönlichkeitsentwicklung (darunter gerne auch über die verschiedenen Typen der Menschen), aber auch Bücher über religiöse und esoterische Themen wie beispielsweise den Buddhismus (Dankbarkeitslehre!) oder Yoga und Meditation (Achtsamkeit!) empfehlenswert.

Wie bereits erwähnt dienen auch Autobiographien Sie beeindruckender Persönlichkeiten dem Ziel, Sie bei Ihrer Weiterentwicklung und dem Erreichen Ihrer ganz persönlichen Ziele weiterzubringen.

Fazit zum lebenslangen Lernen

Behalten Sie grundsätzlich Ihre Interessen im Hinterkopf. Reflektieren Sie hart, welche Interessen und Hobbies Sie in Zukunft nicht weiterverfolgen möchten und worüber Sie sich ab jetzt informieren wollen. Lassen Sie bei dieser Betrachtung nicht außer Acht, welche Interessen Sie bisher für Andere verfolgt haben, die Sie persönlich aber eher behindern als voranbringen. Es ist *Ihr* Leben und Sie müssen sich für keinen Menschen dieser Welt „opfern". Behalten Sie Ihre ganz eigene Individualität und verbiegen Sie sich nicht.

Ihr Ziel ist es, durch das lebenslange Lernen Ihren Horizont effizient zu erweitern und altersbedingte Krankheiten, die Sie mit einem fitten Gehirn abwenden können zu vermeiden oder zu mildern.

Erstellen Sie eine Literaturliste!

G = GO!

GEH!

Der letzte Schritt im L.U.D.W.I.G.-Prinzip ähnelt dem 5. S der 5S-Aktion. Sie erinnern sich? SHITSHUKE – die Selbstdisziplin aus dem Kapitel *D = Do*.

Nach all der Theorie ist es wichtig, die Vorhaben auch tatsächlich in die Tat umzusetzen. Es gibt viele Sprüche zur (Selbst-)Motivation, aber eines meiner Lieblingszitate stammt von Erich Kästner und lautet:

„Es gibt nichts Gutes, außer: Man tut es.“

Das Zitat stammt aus dem Jahre 1950 und betont die Notwendigkeit des Handelns, wenn man etwas Gutes erreichen will. Sie können sich viel vorgenommen haben, wenn Sie es anschließend nicht umsetzen.

Anders formuliert: machen ist wie wollen – nur krasser!

Welches Ziel auch immer Sie anstreben, welches Anliegen sich in Ihnen hervorgetan hat, während Sie dieses Buch gelesen haben: vor Ihnen liegt eine klare Handlungsanweisung in sechs Schritten, die Sie dahin bringen kann, wo Sie es sich erwünschen.

Sie wissen was zu tun ist – jetzt müssen Sie es nur noch umsetzen.

Um der Übersichtlichkeit einen Gefallen zu tun finden Sie in diesem letzten Kapitel noch einmal alle Schritte kurz und knapp zusammengefasst. Es kann Ihnen ebenso helfen, das Buch mit dem neu erworbenen Wissen nochmals von vorne beginnend durchzulesen, vielleicht wissen Sie nun aber auch, ob und wenn ja, welche Kapitel Sie beim zweiten Durchlesen gegebenenfalls überspringen können.

Die sechs Schritte

L = LEARN / Lernen

Im ersten Schritt lernen Sie, wer Sie sind und was Sie ausmacht. Sie beschäftigen sich mit Ihren Stärken und Schwächen und besonders mit Ihren Werten und Glaubenssätzen. Sie wissen, was Ihr dringendes Anliegen ist und was Sie wirklich wollen. Dabei unterscheiden Sie zwischen dem Anliegen und den Zielen, die auf dem Weg zur Erreichung zu meistern sind.

Sie können jetzt ganz genau die Frage: „Warum stehe ich jeden Morgen auf?" beantworten.

U = UNDERSTAND / Verstehen

Sie verstehen, dass Sie es selbst in der Hand haben. Dass einzig und allein Sie und Ihre innere Einstellung und Haltung verantwortlich dafür sind, ob Sie Ihre Ziele erreichen oder nicht. Außerdem sind Sie sich der der unterschiedlichsten Arten der Verschwendung bewusst und können diese für die Zukunft ausschließen.

Sie sind sich bewusst, welche Momente im Leben Sie bisher herausgefordert haben und Sie auch in Zukunft herausfordern werden.

Dabei haben Sie Ihr klares Anliegen immer direkt vor Augen.

D = DO / Tun

Sie wissen, was zu tun ist. In diesem Kapitel erhalten Sie ganz pragmatische Anweisungen aus den Bereichen des Lean Managements, der Büroorganisation und der Effizienzberatung. Die Themenfelder Ordnung, Routinen und Selbstdisziplin sind die Hauptbereiche dieses Kapitels und führen Sie durch alle Unterthemenpunkte, die Sie für ein entspanntes und stressfreies Leben benötigen.

Praktische Anleitungen befähigen Sie, ins TUN zu kommen.

Falls Sie Unterstützung benötigen scheuen Sie sich nicht, diese in Anspruch zu nehmen, denn Sie wissen, dass sowohl ein geordnetes Äußeres, als auch ein aufgeräumtes Inneres Voraussetzungen sind, um Ihre Ziele zu erreichen.

W = WRITE / Schreiben

Warum Schreiben wichtig ist, welche positiven Auswirkungen das Führen eines Journals auf Ihr Leben hat und welche Möglichkeiten sich dadurch für Sie bieten erfahren Sie in diesem Kapitel.

Sie unterscheiden zwischen dem Schreiben im persönlichen Rahmen und erkennen die positiven Effekte des Journal-Schreibens. Zusätzlich können Sie im beruflichen Aspekt mit Projekt- und Tagesplänen umgehen. Affirmationen halten Sie schriftlich fest, ebenso wie Ihre persönlichen Meilensteine und Ziele. Je detaillierter und genauer Sie schriftlich arbeiten, umso schneller und effizienter werden Sie Ihre Ziele und im Endeffekt Ihr Anliegen auch erreichen.

Im Fokus des Schreibens stehen wieder Ihre persönlichen Werte, nach denen Sie leben wollen.

I = INTEREST & INFORM / Interessieren & Informieren

Unter dem Stichwort Lebenslanges Lernen erstellen Sie zum Schluss eine Liste mit weiterführender Literatur. Zusätzlich machen Sie sich auf die Suche nach Fort- und Weiterbildungsmöglichkeiten, die immer auf Ihr inneres Anliegen, Ihre Werte und Ihre persönlichen Ziele ausgerichtet sind. Sie lernen zu unterscheiden, welche Interessen Sie für sich verfolgen und welche bisher nur dem Fortkommen anderer Menschen gegolten haben.

Sie haben erfahren, wie wichtig ein trainierter Gehirnmuskel für ein langes, positives Leben ist und warum das Lebenslange Lernen eine Schlüsselkompetenz ist.

G = GO! / Geh!

Dem bleibt nichts hinzuzufügen! Legen Sie los!

Falls Sie sich noch scheuen, weil Ihnen das Prozedere so ungewohnt vorkommt, möchte ich Ihnen eine kleine Ermutigung für die Brieftasche, die Smartphonehülle, als Lesezeichen mitgeben (Sie können es gerne ausschneiden):

Das Fremde
ist nur fremd,
solange man's
nicht kennt!

ZUSAMMENFASSUNG

Sie sind am Ende des L.U.D.W.I.G.-Prinzips angelangt.

Herzlichen Glückwunsch!

Wenn Sie die hier beschriebenen Schritte konsequent umsetzen und durchführen, dann sollten Sie von den folgenden positiven Ergebnissen profitieren:

→ Sie haben endlich wieder mehr Zeit für sich,
→ Sie sind mit sich selbst im Reinen und innerlich aufgeräumt,
→ Sie leben IHR Leben und nicht das Leben der Anderen,
→ Sie sind motiviert, das Beste aus Ihrem Leben herauszuholen,
→ Sie erreichen Ihre Ziele und verfolgen ein bestimmtes Anliegen,
→ Sie verfügen dauerhaft über mehr Energie, und
→ Sie leben gesünder, da Sie ausgeglichener sind.

Sollte ich Ihrer Meinung nach einen ganz wesentlichen Punkt übersehen haben, so zögern Sie bitte nicht, mir Ihre Meinung kundzutun. Schreiben Sie mir eine E-Mail an hello@ludwigindustries.com mit Ihren Kommentaren, Ideen und Rückmeldungen. Ich freue mich über jede Einzelne und werde versuchen, Sie persönlich zu beantworten. Die pragmatische Umsetzbarkeit ist mir wichtig und ich habe sicherlich beim Schreiben dieses Buches die ein oder andere Lebenssituation außer Acht gelassen oder nicht im Blick gehabt.

Vielleicht haben Sie aber auch ein ganz persönliches Ritual, eine Lebensweisheit oder einen Tipp, den Sie den anderen Lesern nicht vorenthalten wollen – auch das können Sie mir gerne schreiben, damit ich diese Gedanken bei der Neuauflage mit einfließen lassen kann!

Sollten Sie als Unternehmer oder Veranstalter eines der in diesem Buch genannten Themen als Vortrag für Ihre Veranstaltung benötigen wenden Sie sich ebenfalls gerne an mich. Ob vor Ort oder Online – ich stehe gerne für Vorträge, Kurse und Seminare als Rednerin zur Verfügung.

Und nun wünsche ich Ihnen viel Spaß bei der Umsetzung, beim Finden Ihres Anliegens und mit der Freude, die Sie empfinden werden, wenn Sie sich Stück für Stück die Zeit Ihres Lebens zurückerobern, dem Hamsterrad entfliehen und endlich das tun können, was Ihnen wirklich am Herzen liegt, ohne Zeit für Dinge zu verschwenden, die Sie nicht in Ihrem Leben brauchen!

DANKE

Besonders danken möchte ich meinen Kindern, Kelvin und Kira. Ihr seid der Antrieb für mein persönliches Warum! Mein Anliegen, den Menschen helfen zu können, dem Leben mehr Tage zu geben. Denn wer Kinder hat weiß, dass die Zeit mit ihnen begrenzt ist, dass Kinder schneller älter und größer werden, als man es sich manchmal wünscht. Ihr bestärkt mich jeden einzelnen Tag darin, wie wichtig es ist, Zeit für euch zu haben!

Skipper: ohne Dich würde ich heute diese letzte Seite nicht schreiben. Ich bin dir unendlich dankbar für deine Geduld, deine Ruhe und dein Lachen! Du hast meinen Tagen das Leben zurückgegeben. Danke.

Außerdem möchte ich meinem großartigen Unternehmernetzwerk danken. Ohne all diese verschiedenen, inspirierenden und vor allem unterstützenden Menschen wäre dieses Buch nicht entstanden. Ich danke besonders den motivierenden, aber auch kritischen Worten von: Holger Balz, Dennis Bothner, Siegfried Bütefisch, Florian Frech, Iris Gelpke, Lucas Grözinger, Jochen Hägele, Christian Hintz, Petra

Rosemarie Knöfel, Peter Thomas Koch, Hajo Laib, Nicola Lazi, Achim Lesnisse, Oliver Mertens, Beatrix Nietzschmann, Christian Pommerer, Horst Pilsner, Max Rösler, Tobias Ruge, Karl-Heinz Schmid, Meike Schneider, Andrea Schricker, Evelyn Siller, Justine Stindl, Claudia Tan, Oliver Wesley, Uschi Zimmerle, Timo Zimmermann. Danke, dass ihr an mich glaubt und mir Mut gemacht habt, dieses Konzept auf den Weg zu bringen! Ihr seid Helden! Sollte ich jemanden aus dieser Runde vergessen haben möge er es mir verzeihen.

Weitere Titel der Autorin:

LEAN Management für Familien

Von der Frustration zum Flow
Lernen Sie, welche der wesentlichen Kernelemente des LEAN-Gedankens sie im Haushalt unterstützen können und Ihnen endlich wieder das zurückgeben, was Sie verloren geglaubt haben: ein harmonisches Familienleben, geprägt von Zufriedenheit und Gelassenheit! EXTRA-Bonus: Mit detailliertem Ein-Jahres-Plan und klaren Anweisungen, wie Sie die Umsetzung problemlos meistern können.

ISBN: 978-3751932325; 12,95 € (e-book: 9,95€)

Englische Ausgabe:
Lean Management for families:
ISBN: 978-3751958042; 12,95 € (e-Book: 9,95 €)

Lean im Haushalt

Mit der 5S-Methode nachhaltig ausmisten und dauerhaft für Ordnung sorgen - ob Keller, Küche, Kleiderschrank spielt dabei keine Rolle.

Starten Sie mit den 5 einfachen Schritten in ein neues, befreites Leben und lassen Sie Gerümpel, ungeliebte Dinge und schlechte Angewohnheiten hinter sich.

Zahlreiche Praxistipps helfen beim Umsetzen und sorgen für schnelle Ergebnisse.

Der Erfolg liegt im Tun! Mit diesem Buch erhalten Sie kurz und bündig die pragmatischen Hinweise, die Sie benötigen, um sich von unnötigem Ballst zu befreien.

ISBN: 978-3752625943; 7,99 € (e-book: 4,95 €)

Ob kurze Keynote oder zweistündiger Vortrag:
Mit Zeitmanagement und Ordnung motiviert zum Ziel!

Buchen Sie Frau Ludwig für Firmenevents, Messen oder
andere Veranstaltungen!

Anfragen richten Sie gerne an
hello@ludwigindustries.com
oder per Telefon +49 711 2551 9651.

NOTIZEN

NOTIZEN

NOTIZEN

NOTIZEN